SPANISH
1A

¡Ven conmigo!®

Adelante

Practice & Activity Book

HOLT, RINEHART AND WINSTON
A Harcourt Education Company

Austin • Orlando • Chicago • New York • Toronto • London • San Diego

Contributing Writers:

Jean Miller
Dana Todd

PHOTO/ART CREDITS
Abbreviations used: (c) center, (l) left, (r) right, (bkgd) background.

Photo Credits
All pre-Columbian symbols by EclectiCollections/HRW.
Cover: (bkgd), Robert Frerck/Tony Stone Images; teens, Steve Ewert/HRW Photo; compact disc, Digital Imagery® © 2003 PhotoDisc, Inc.; Page 1; (cl), (cr), Marty Granger/Edge Video Productions/HRW.

Art Credits
All work, unless otherwise noted, contributed by Holt, Rinehart & Winston.
Page 25, Boston Graphics; 30 (t), Michael Morrow.

Contents

▓ ¡ADELANTE!

1 Can you match the names of these famous Spanish speakers with their professions or accomplishments? Write the letter next to the person's name.

1. _____ La Reina Isabel   **a.** Spanish tennis player

2. _____ Miguel de Cervantes y Saavedra   **b.** South American military hero

3. _____ Arantxa Sánchez Vicario   **c.** Spanish queen

4. _____ Frida Kahlo   **d.** Guatemalan Nobel Prize winner

5. _____ Mariano Rivera   **e.** Spanish author

6. _____ Simón Bolívar   **f.** Panamanian baseball player

7. _____ Rigoberta Menchú   **g.** Cuban actor

8. _____ Desi Arnaz   **h.** Mexican artist

2 Can you guess which of these Spanish names would be hers and which would be his? Write them under the photos.

José Dolores Rosario Carmen Carlos Jaime Pilar Paloma Miguel Inés Ricardo Santiago Margarita Guillermo

_____   _____

_____   _____

_____   _____

_____   _____

_____   _____

_____   _____

_____   _____

3 Can you guess the meanings of these Spanish cognates from the English cues?

| familia | calendario | tigre |
| sandalia | guitarra | tomate | restaurante |

1. your close relatives _____

2. a musical instrument _____

3. a type of shoe _____

4. a place where you can eat _____

5. an animal _____

6. a vegetable _____

7. a list of days and months _____

4 How would you respond to each of the following questions or statements? Write your responses and practice them aloud.

1. _____

_____

2. _____

_____

3. _____

_____

4. _____

_____

5. _____

_____

6. _____

_____

¡Ven conmigo! Adelante Level 1A, Preliminary Chapter

5 Susana's computer doesn't print accent marks or tildes. Can you help her by adding the accents to the underlined words in the following sentences? Then go back to pages 6–9 of your textbook to check your answers.

1. Andres y Veronica quieren comprar una pinata.

2. Cristobal habla con Maria por telefono.

3. Jose va a comprar unas castanuelas para Angelica.

6 Put a check mark next to those places where you'd be able to practice your Spanish. Use the world map at the beginning of the **Capítulo preliminar** in your textbook (pages xxii–1).

____	Guatemala	____	Chile
____	Uruguay	____	Australia
____	China	____	Venezuela
____	Yugoslavia	____	Rusia
____	Tanzania	____	Bolivia
____	España	____	Italia

7 What are the colors of these foods? Write the word in Spanish in the space provided.

1. tomatoes _____

2. oranges _____

3. lettuce _____

4. blueberries _____

5. lemons _____

6. black pepper _____

7. gravy _____

8. rice _____

8 What day(s) of the week come to mind when you think of the following things?

1. going back to school _____

2. the weekend _____

3. your favorite TV show _____

4. the days you attend school _____

_____

9 Write the correct month or season in the spaces provided.

la primavera: marzo, _____, mayo

_____: _____, enero, febrero

el verano: junio, _____, _____

_____: septiembre, octubre, _____

10 In the first column, write the numerical equivalent of the Spanish numbers. In the second column, write the Spanish word for the numbers.

_____ diez   _____ 9

_____ siete   _____ 2

_____ uno   _____ 4

_____ tres   _____ 8

_____ seis   _____ 5

11 Use the Spanish words you've been learning to fill out the following crossword puzzle.

Horizontales *(Across)*
- 4. country in Central America, just north of Costa Rica
- 6. country in South America, between Chile and Uruguay
- 10. veinticinco – ocho = _____
- 11. Spanish boy's name, Nacho for short
- 12. cherries are this color
- 13. ocho – siete = _____

Verticales *(Down)*
- 1. chocolate is this color
- 2. diecisiete – trece = _____
- 3. veintiséis – once = _____
- 4. doce – tres = _____
- 5. broccoli is this color
- 7. rojo + blanco = _____
- 8. veintidós + ocho = _____
- 9. _____ + azul = verde

¡Mucho gusto!

DE ANTEMANO

1 Look at the letter that Mercedes sent to Paco on page 23 of your textbook. Use the words and phrases in the box to write a short introduction for each of the two students shown below.

> **Soy de...   Me llamo...   Tengo ... años.   Me gusta...**

Juan Carlos
San Sebastián
11 años
el voleibol

_____
_____
_____
_____

María Ángeles
Santo Domingo
14 años
la pizza

_____
_____
_____
_____

2 Now look carefully at how Paco and his friends greet one another. Choose words and phrases from the box to complete the following dialogues. Use each word or phrase only once.

> **Excelente, gracias. ¿Y tú?   Buenos días.   Adiós.   ¡Hola! ¿Qué tal?**

1.   PACO   Hasta luego, María.

    MARÍA   _____

2.   JAVIER   _____

    CONSUELO   Hola, Javier. ¿Qúe tal?

3.   MARTA   Hola, Gerardo. ¿Cómo estás?

    GERARDO   _____

4.   PABLO   _____

    FERNANDO   Muy bien, Pablo, ¿y tú?

■ PRIMER PASO

3 Match each of the following short conversations with the drawings.

a

b

c

_____ **1.** — Bueno, tengo que irme. Hasta luego.

— ¡Chao!

_____ **2.** — Buenas tardes, señora Sánchez.

— Hola, Marisa.

_____ **3.** — Hola, señorita Martínez.

— Buenas noches, Tomás. ¿Qué tal?

4 Write the letter of an appropriate response in the blank next to each statement or question. Some responses may be used more than once.

If someone said . . .

_____ **1.** ¿Cómo te llamas?

_____ **2.** Éste es Felipe.

_____ **3.** Encantado.

_____ **4.** Hasta luego.

_____ **5.** Me llamo Conchita.

A logical response would be . . .

a. Adiós.

b. Igualmente.

c. Me llamo Conchita.

d. Encantado/a.

e. Mucho gusto.

f. ¡Hola!

g. Hasta luego.

5 A number of people have just been asked **¿Cómo estás?** First, punctuate the phrases and add any missing accents. Then match each of their responses with the letter of the drawing that best expresses how each person is doing.

 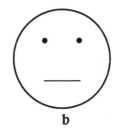 

a   b   c

_____ **1.** __Estoy excelente!

_____ **2.** Estoy regular__

_____ **3.** Bien__ gracias.

_____ **4.** Estoy muy mal.

_____ **5.** Estoy muy bien.

_____ **6.** ¡Estupendo__

_____ **7.** Más o menos.

_____ **8.** Regular, __y tú?

6 Match the phrases below to one of the two drawings of Teresa, according to whether she is talking *about herself* or talking *to you*.

a   b

_____ **1.** Me llamo Teresa.

_____ **2.** ¿Cómo te llamas?

_____ **3.** Hasta mañana.

_____ **4.** Estoy bien.

_____ **5.** ¿Qué tal?

_____ **6.** Estoy regular.

_____ **7.** ¿Cómo estás?

_____ **8.** Yo soy Teresa.

7 Read the numbered phrases or questions below and decide which statement (a to f) applies to each one. Follow the **modelo.**

I should use this phrase . . .
  a. to find out someone's name
  b. to greet someone
  c. to introduce myself
  d. when I've just met someone
  e. to say goodbye to someone
  f. to introduce someone else

MODELO   __e__ **Adiós.**

_____ **1.** Hola.

_____ **2.** Yo soy...

_____ **3.** Hasta luego.

_____ **4.** Encantado/a.

_____ **5.** Yo me llamo...

_____ **6.** Buenas tardes.

_____ **7.** Ésta es...

_____ **8.** ¿Cómo te llamas?

_____ **9.** Igualmente.

_____ **10.** Mucho gusto.

8 It's the first day of school, so there are a lot of people meeting each other for the first time! For each of the following pictures, fill in the blanks to complete the conversations.

1. MARTÍN Hola. _____

  _____

NURIA Me llamo Nuria.

MARTÍN Y yo soy Martín.

2. NURIA _____

  _____

MARTÍN Igualmente.

3. LUCILA _____

  _____

MANUEL Hola, Jesús. Mucho gusto.

4. JESÚS _____

  _____

  _____

5. MANUEL Bien, gracias, ¿y _____?

■ SEGUNDO PASO

9 Write out these math problems following the **modelo**.

MODELO   2 + 8 =   **Dos y ocho son diez.**

1. 4 + 15 = _____
_____

2. 12 + 3 = _____
_____

3. 6 + 20 = _____
_____

4. 11 + 13 = _____
_____

5. 27 + 1 = _____
_____

6. 14 + 16 = _____
_____

10 Look at each of the illustrations below. First, write the question used to ask how old some-one is. Then, write a sentence telling each person's age.

1. Cristina   2. Rodolfo   3. Leonardo   4. Silvia   5. tú

Question: _____

1. _____
2. _____
3. _____
4. _____
5. _____

11 School has just started, and two new students, Pilar and Verónica, are talking about some of the people they've met so far. Complete their conversation by filling in the missing forms of the verbs **tener** and **ser**.

PILAR   ¿Cuántos años _____ Marcos?

VERÓNICA   Doce años.

PILAR   ¿Y tú, Verónica? ¿Cuántos años _____?

VERÓNICA   Yo _____ once años.

PILAR   ¿Sí? Yo también. Oye, Vero, ¿de dónde _____ tú?

VERÓNICA   _____ de Monterrey, México.

PILAR   ¡Yo también! ¿Y Matilde?

VERÓNICA   Matilde _____ de Bogotá, Colombia.

12 Choose the correct question word to complete the conversations.

MARÍA   Buenos días, Antonio. ¿ _____ estás?

ANTONIO   Estoy bastante bien, gracias.

PEDRO   ¿De _____ es Jean?

JULIA   Es de los Estados Unidos.

ANA   ¿ _____ se llama él?

CARLOS   Se llama Juanito.

ESTEBAN   Oye, Irene, ¿ _____ años tiene Pablo?

IRENE   Tiene trece años.

> cuántos
> cómo   dónde

13 Mike is a twelve-year-old student. His family has just moved to Madrid. On his first day of classes he meets Maribel. Complete their conversation.

1. MARIBEL   Hola, soy Maribel. ¿Cómo te llamas tú?

   MIKE   _____

2. MARIBEL   Encantada, Mike.

   MIKE   _____

3. MARIBEL   Tú no eres de Madrid, ¿verdad? ¿_____?

   MIKE   Soy de los Estados Unidos.

4. MARIBEL   ¿Y cuántos años tienes?

   MIKE   _____

5. MARIBEL   Bueno, Mike, tengo que irme. ¡Chao!

   MIKE   _____

■ TERCER PASO

14 Whatever Beto likes, Memo doesn't like, and whatever Memo likes, Beto doesn't—except for one thing! Fill in the missing parts of each boy's statements according to the pictures.

1. BETO   ¿Qué _____ gusta?

   MEMO   A mí _____ el tenis.

2. BETO   _____ gusta el fútbol norteamericano.

   MEMO   A mí _____ el fútbol norteamericano.

Beto

3. BETO   ¿_____ la natación?

   MEMO   A mí _____ mucho la natación.

   BETO   Pues a mí no me gusta _____.

4. BETO   _____ el béisbol.

   MEMO   Pues a mí _____ el béisbol.

5. BETO   _____ el baloncesto.

   MEMO   ¡A mí también!

Memo

15 Read the following short interview between *Estrella* magazine and Juanito Serrano, a young pop singer. Complete the interview by filling in the blanks with either **el** or **la**.

E   Juanito, ¿qué te gusta?

JS   ¿Qué me gusta? Bueno, me gusta un poco de todo *(a little bit of everything)*.

E   ¿Te gusta _____ pizza?

JS   Sí, me gusta, pero me gusta más _____ comida china. ¡Y _____ chocolate!

E   ¿Y los deportes?

JS   Bueno, me gusta _____ baloncesto, y también _____ natación. No me gusta _____ voleibol.

E   ¿Qué más? *(What else?)*

JS   Bueno, me gusta mucho _____ música rock y clásica. Y _____ clase de inglés me gusta mucho también, pero no me gusta _____ tarea.

CAPÍTULO 1 Tercer paso

16 a. For each category given below, think of something that you like and write a sentence saying that you like it. Then think of something that you don't like and write a sentence saying that you don't like it. Be sure to write **el** or **la** in front of the name of each item.

la natación   la comida italiana
la tarea
la música rock   la ensalada
el béisbol
la música clásica   el chocolate
el jazz
el español   el fútbol
la clase de inglés

La música: _____

_____

La comida: _____

_____

Los deportes: _____

_____

Las clases: _____

_____

b. Now choose two items from one category above and write a question asking a friend which of the two he or she likes better. Then write your friend's answer. Follow the **modelo**.

MODELO   ¿Qué te gusta más, el fútbol o *(or)* el béisbol?
           Me gusta más el béisbol.

_____

_____

_____

17 Heather is practicing her Spanish with Antonio, the new student from Spain. Based on Antonio's answers, write the questions Heather asked him.

HEATHER _____

ANTONIO   Me llamo Antonio Carreras Llosa.

HEATHER _____

ANTONIO   Estoy bien, gracias.

HEATHER _____

ANTONIO   Tengo once años.

HEATHER _____

ANTONIO   Soy de Barcelona, España.

■ VAMOS A LEER

18 Imagine that your new pen pal Maricarmen has sent you a letter. Read her letter, then answer the following questions.

> Hola,
>
> Muchas gracias por tu carta. Ya sabes que me llamo Maricarmen. Pues, ¿sabes mis apellidos? Soy Maricarmen Martínez García. Tengo doce años y soy estudiante. Soy de Madrid, la capital de España. Me gusta Madrid porque siempre hay cosas interesantes que hacer. También me gusta el fútbol. No me gusta el fútbol norteamericano. Pero sí me gusta la música norteamericana. La música pop es estupenda. Tengo varios discos compactos de Mariah Carey. También me gustan las películas de Hollywood. La actriz norteamericana que más me gusta es Claire Danes. También me gusta el actor Denzel Washington. Bueno, ¡hasta luego!
>
> Tu amiga,
> Maricarmen

1. List the names of any places you can find in the letter above.

_____

2. List any names of sports you can find.

_____

3. List at least three things that Maricarmen likes.

_____

4. List one thing Maricarmen doesn't like.

_____

5. Judging from its context, what do you think the word **películas** means?

_____

6. What do you have in common with Maricarmen?

_____

■ CULTURA

19 Typically, people in Spanish-speaking countries have a **nombre** *(first name)* and two **apellidos** *(last names)*. Where do those last names come from? Here is Maricarmen's family tree, complete with all the **nombres** and **apellidos** of her parents and grandparents. Look at the names in the family tree, then answer the questions.

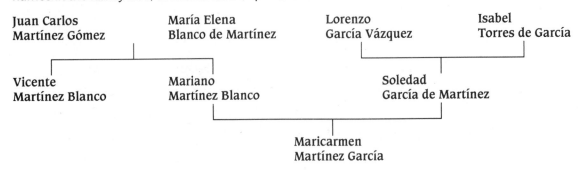

Juan Carlos Martínez Gómez	María Elena Blanco de Martínez	Lorenzo García Vázquez	Isabel Torres de García

Vicente Martínez Blanco	Mariano Martínez Blanco	Soledad García de Martínez

Maricarmen
Martínez García

1. What is Maricarmen's father's full name? _____

2. What is her mother's full name? _____

3. What is Maricarmen's uncle's full name? _____

4. If you were in Madrid and wanted to call Maricarmen, what letter of the alphabet would

    you look under in the Madrid phone book? _____

20 Indicate whether the following statements are true or false. Write **c** for **cierto** or **f** for **falso** in the spaces provided.

_____ 1. Roman Catholics in Spanish-speaking countries only celebrate their Saint's Day or **Día de Santo.**

_____ 2. The **Día de Santo** refers to the feast day of the saint a person is named after.

_____ 3. Handwriting in Spanish-speaking countries is exactly like the handwriting in the U.S.

_____ 4. **Tapas** are a certain type of soft drink.

_____ 5. In Spain, dinner is served late, sometimes after 9:00 at night.

_____ 6. The expression **¿Qué húbole?** is a formal way to ask how someone is.

_____ 7. Another expression used to greet someone is **¿Qué hay?**

Nombre _____ Clase _____ Fecha _____

CAPÍTULO 2 ¡Organízate!

DE ANTEMANO

1 You're a clerk at the school store, and one of your customers asks you to help him check his bill. Next to each price on the ticket, write the item it represents.

el bolígrafo
el papel   la calculadora
la mochila   el cuaderno
el lápiz   el diccionario

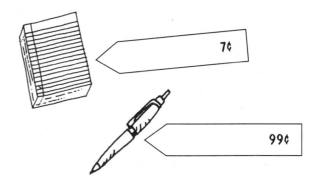

7¢

99¢

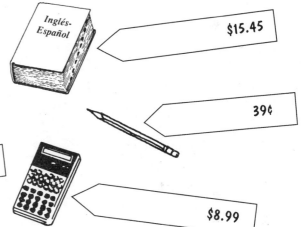

$15.45

$2.66

39¢

$18.40

$8.99

2 It's the first day of classes and the bookstore is crowded. You overhear the following conversations. Can you match each question and answer?

_____ 1. ¿Qué necesitas?

_____ 2. ¿Tienes una calculadora?

_____ 3. ¿Necesitas cuadernos?

_____ 4. ¿Tienes papel?

_____ 5. ¿Tienes zapatillas de tenis?

_____ 6. ¿Necesitas más bolígrafos?

_____ 7. ¿Ya tienes una mochila?

a. Sí, ya tengo una calculadora.
b. No, no tengo mochila.
c. No, ya tengo muchos bolígrafos.
d. No, no necesito cuadernos. Ya tengo tres.
e. ¡Ay, necesito muchas cosas!
f. No, no tengo papel. Necesito papel y también unos lápices.
g. Sí, tengo unas zapatillas de tenis.

■ PRIMER PASO

3 Complete this crossword puzzle by writing in the Spanish words for the items pictured below. Include the correct definite article with each item. The Spanish words for items 5,9, and 12 are found on page 71 of your textbook, in the **Vocabulario extra** box.

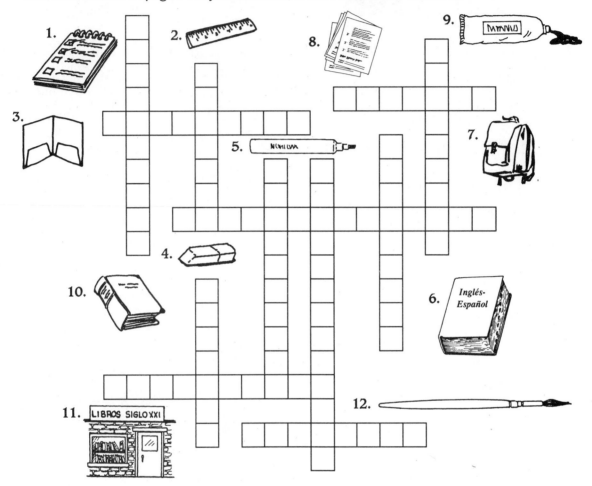

4 Complete the conversation between Guillermo and the bookstore clerk with the correct indefinite articles (**un** or **una**) and the word for each item pictured.

DEPENDIENTE Hola, buenos días. ¿Qué necesita?

GUILLERMO Hola. Por favor, necesito _____ .

DEPENDIENTE Muy bien. ¿Algo más?

GUILLERMO Sí. Necesito _____ , _____ y

_____ .

DEPENDIENTE ¡Necesita muchas cosas!

GUILLERMO Sí. También necesito _____ , _____ y

 _____ . ¡Y ahora necesito dinero!

¡Ven conmigo! Adelante Level 1A, Chapter 2

5 Choose four of the students in the illustration. For each one, write a question asking what the student wants or needs. Then answer the question.

Horacio Lourdes Amalia Martín Teresa Ricardo Alejandro

MODELO   ¿Qué necesita Teresa? Necesita papel.

1. (necesitar) _____

   _____

2. (necesitar) _____

   _____

3. (querer) _____

   _____

4. (necesitar) _____

   _____

6 Imagine that you're also in the bookstore above and you need four different items. Complete the conversation you might have with the clerk.

SR. SOLER   Buenas tardes. ¿Qué _____?

      TÚ   Necesito un _____ y una _____, por favor.

SR. SOLER   ¿Ya tienes _____?

      TÚ   Sí, pero no tengo _____.

SR. SOLER   ¿Quieres _____?

¡Ven conmigo! Adelante Level 1A, Chapter 2   Practice and Activity Book **17**

HRW material copyrighted under notice appearing earlier in this work.

CAPÍTULO 2 Primer paso

7 Arturo is sick and school starts in a few days! His friend Marisol has offered to shop for the school supplies he needs. Use all the words from the box to complete his letter below.

diccionario	**papel**	**calculadora**	**quiero**	**colegio**
lápices	**necesito**	**gomas de borrar**	**mochila**	**tengo**

¡Hola, Marisol!

Necesito muchas cosas para el _____. Necesito un

_____ inglés-español y _____ tam-

bién. Para la clase de matemáticas necesito una _____ y

unos _____. Ya _____ una regla y

unas _____. _____ unas carpetas

para la clase de historia y ¡una _____ para llevar todo

(to carry everything)!

                    ¡Muchas gracias!

                    Tu amigo,

                    Arturo

8 You work in the lost-and-found office at school and someone has just turned in a lost bookbag. Fill out a report by describing the contents. Mention at least eight school supplies.

MODELO   **En la mochila hay una regla. También hay...**

_____

_____

_____

_____

_____

_____

SEGUNDO PASO

9 A friend of yours has decided to learn Spanish too. To learn vocabulary, your friend is making labels for everything in the bedroom. Help your friend by writing the correct Spanish word on each label. Remember to include the correct definite articles **el** and **la.**

bed _____	*chair* _____
window _____	*clothes* _____
door _____	*closet* _____
poster _____	*television* _____
clock _____	*desk* _____

10 Fede and Juanjo have very different rooms! List what each has in his room according to the drawing. Some words come from the **Vocabulario extra** box on page 77 of your textbook.

En el cuarto de Fede, hay...

En el cuarto de Juanjo, hay...

_____

_____

_____

_____

_____

_____

_____

_____

CAPÍTULO 2 Segundo paso

11 Your pen pal Lucila has just moved to a new city and has written a letter to you about her school, her classes, and her room in her new apartment. Complete her letter with the correct form of **¿cuánto?** or **mucho.**

Querido amigo,

¡Hola! ¿Cómo estás? Yo estoy bien. Tengo 1. _____ amigos aquí.

2. ¿ _____ amigos tienes tú?

Mi colegio nuevo es muy grande, pero me gusta. Hay 3. _____ estudiantes. 4. ¿ _____ estudiantes hay en tu colegio? Tengo ocho clases.

5. ¿ _____ clases tienes tú? Mi clase favorita es la clase de inglés. No hay 6. _____ personas en la clase. 7. ¿ _____ personas hay en tu clase de inglés? No me gusta la clase de matemáticas. Es difícil. Hay

8. _____ tarea y 9. _____ exámenes. ¿Te gusta la clase de matemáticas?

Vivo en un apartamento nuevo. Me gusta mucho mi cuarto. En mi cuarto, hay 10. _____ ventanas. Y también tengo 11. _____ carteles de mis actores favoritos. 12. ¿ _____ carteles hay en tu cuarto?

Bueno, necesito ir a la librería ahora. Necesito comprar 13. _____ libros para mis clases. ¡Pero no tengo 14. _____ dinero!

¡Hasta luego!

Lucila

12 Write a letter to Lucila, remembering to answer her questions. Include any other information you like about your school, your classes, or your room. Also, ask her what there is in her room and if she has a TV set.

Querida Lucila,

_____

_____

_____

_____

_____

_____

_____

_____

¡Hasta luego!

_____

CAPÍTULO 2 Segundo paso

20 Practice and Activity Book

¡Ven conmigo! Adelante Level 1A, Chapter 2

HRW material copyrighted under notice appearing earlier in this work.

13 Flavia Martínez Campos and her family have moved from Mexico, and she's attending your school this year. There are a lot of things that she wants to know about school. Help her out by answering the following questions with full sentences.

MODELO   FLAVIA   ¿Cuántos profesores hay en el colegio?
            TÚ   **Hay treinta y un profesores en el colegio.**

1. ¿Cuántos estudiantes hay en tu clase de español?

_____

_____

2. ¿Qué necesito para mi clase de inglés?

_____

_____

3. ¿Cómo se llama el director del colegio *(principal)*?

_____

_____

4. ¿Te gusta la comida de la cafetería? ¿Qué no te gusta?

_____

_____

5. ¿Hay comida mexicana en la cafetería? ¿Hay ensalada?

_____

_____

6. ¿Cuánta tarea hay en la clase de inglés?

_____

_____

7. ¿Necesito una calculadora?

_____

_____

8. ¿Tienes una mochila? Y yo, ¿necesito una mochila?

_____

_____

9. ¿Cuántos cuadernos necesito para las clases?

_____

_____

10. ¿Hay muchas revistas en español en la librería?

_____

_____

■ TERCER PASO

14 After school, you overhear a lot of different conversations while going home on the bus. Can you match the questions with the answers?

_____ 1. ¿Qué quieres hacer?

_____ 2. ¿Necesitas ir a la librería?

_____ 3. ¿Qué quiere hacer Paco?

_____ 4. ¿Necesitas comprar muchas cosas en la librería?

a. Paco quiere ir al centro comercial.

b. Quiero ir a la pizzería. ¡La pizza es deliciosa!

c. No, no necesito ir porque ya tengo los libros.

d. Sí... necesito comprar todo *(everything)*. Pero no tengo mucho dinero.

15 Look over the expressions in the **Así se dice** box on page 85 of your textbook. What phrase would you use to . . .?

1. ask a friend what he or she wants to do

   _____

2. ask a customer in the bookstore what he or she needs to buy

   _____

3. tell a friend you need to organize your room

   _____

4. tell a friend you don't want to do your homework

   _____

5. tell your parent or guardian what school supplies you need

   _____

6. ask someone what Esteban wants to do

   _____

7. say that you want to go to the pizzeria

   _____

16 Carmen has just passed you a note in the hall about after-school plans, but part of the message is in code! Can you unscramble it and figure out what she's saying? Write the decoded version in the blanks beneath Carmen's note.

> ¡Laho! **Necesito** *zgroiaran im tucaro, rpeo ieqrou ri la* **centro**
> *lmeocriac. Nocsetie* **comprar** *cshuma socsa.* ¿Uéq **quieres** *chear út?*
>
> _____
>
> _____

17 It's the last class of the day, and everyone in Mr. Santos' class is thinking about after-school plans . . . including Mr. Santos! Answer the questions below about people's plans based on the drawing.

El profesor Santos   Rosaura   Matilde   Óscar   Eduardo   Julia   Sofía   Mateo

1. ¿Qué necesita hacer el profesor Santos?

_____

2. ¿Qué necesita encontrar Rosaura?

_____

3. ¿Qué quiere comprar Óscar?

_____

4. ¿Qué necesita hacer Julia?

_____

5. ¿Qué quiere hacer Mateo?

_____

6. ¿Qué necesita comprar Matilde?

_____

7. ¿Qué necesita hacer Eduardo?

_____

8. ¿Qué quiere hacer Sofía?

_____

18 It's been a while since Lupe has cleaned her room. Now she's got a lot of work ahead of her. Make a list of at least five things she needs to do, according to the drawing.

_____

_____

_____

_____

_____

19 You've just finished helping out with the school inventory, and now it's time to report to your supervisor. Answer her questions about what's in the supply room according to the inventory sheet.

libros	81	cuadernos	92
televisores	12	diccionarios	41
carteles	59	sillas	61
lámparas	38	escritorios	77

MODELO   ¿Cuántos libros hay?
Hay ochenta y un libros.

1. ¿Cuántos televisores hay? _____

   _____

2. ¿Cuántas lámparas hay? _____

   _____

3. ¿Cuántos cuadernos hay? _____

   _____

4. ¿Cuántos diccionarios hay? _____

   _____

5. ¿Cuántas sillas hay? _____

   _____

6. ¿Cuántos escritorios hay? _____

   _____

7. ¿Cuántos carteles hay? _____

   _____

CAPÍTULO 2   Tercer paso

24   Practice and Activity Book

¡Ven conmigo! Adelante Level 1A, Chapter 2

HRW material copyrighted under notice appearing earlier in this work.

■ VAMOS A LEER

20 You're waiting in line to buy your school supplies at the **Librería San Martín**, and it's taking forever. While you wait, look over the magazines on display, and see if you can answer the questions below.

a.

b.

c.

d.

Can you figure out what topics are covered in each magazine just by looking at the covers? Match each magazine to the topics below.

_____ **1.** Gardening and decorating

_____ **2.** World travel

_____ **3.** Gossip about celebrities

_____ **4.** Sports

CAPÍTULO 2 Vamos a leer

■ CULTURA

21 Read the following statements and mark them **cierto** or **falso**. Correct the false statements.

_____ 1. It's quite common for young people to have their grandparents or perhaps an aunt or uncle living in the same home.

_____ 2. It's rare for students in Spain and Latin America to wear uniforms to school.

_____ 3. Family members often shake hands when they greet each other.

_____ 4. In Spain, close friends will usually greet each other with two kisses.

_____ 5. People in Spanish cities typically live in apartments.

_____ 6. In Spanish-speaking countries, every family member has his or her own phone.

_____ 7. Two brothers or two sisters will often share a room.

22 Which expressions would you use in the following situations? Write them under the appropriate heading.

| ¡Genial! | ¡Qué horrible! | ¡Qué pesado! |
| ¡Increíble | Está bien. | ¡Qué padre! | ¡Pésimo! |

If you like something a lot	**If you think something is terrible**	**If you think something is all right**
_____	_____	_____
_____	_____	_____
_____	_____	_____

23 Juan Antonio, a student from Spain, will be coming to visit the McRae family for a few weeks. The McRaes have two teenagers, Mike and Jennifer, and live in a house in a small town. While staying with them, Juan Antonio will have his own large room. He'll share a TV and a phone with Mike and Jennifer. Using what you've learned about many Spanish homes, name three or four aspects of his life with the McRaes that you think will seem strange to Juan Antonio.

_____

_____

_____

_____

_____

_____

Nombre _____ Clase _____ Fecha _____

Nuevas clases, nuevos amigos

■ DE ANTEMANO

1 As you know, it's Claudia's first day at her new school, and everybody—including Claudia—has lots of questions! See if you can match everybody's questions and answers in the columns below.

_____ 1. ¿Cómo te llamas?

_____ 2. ¿Cómo es el profesor Romanca?

_____ 3. ¿Qué clase tienes a las ocho y cincuenta?

_____ 4. ¿Cuándo es el descanso?

_____ 5. ¿De dónde eres?

_____ 6. ¿Cómo es la capital?

a. Yo tengo francés y Fernando tiene geografía.
b. Soy del Distrito Federal.
c. Me llamo María Inés. Encantada.
d. Es aburrido. ¡No me gusta!
e. Es muy divertida. Hay muchas cosas interesantes allá *(there)*. Me gusta mucho.
f. Es a las nueve y cuarenta.

2 Match the following pictures with the comments.

1. _____   2. _____   3. _____

a. A las ocho tengo francés, y a las nueve tengo la clase de ciencias sociales...
b. Mira, ya son las diez y media. Está atrasada la profesora.
c. ¡No me gustan las ciencias sociales!

CAPÍTULO 3 Primer paso

■ PRIMER PASO

3 Use the pictures to fill in the classes that Ángela is taking this semester. Then rearrange the circled letters to find out what Ángela's favorite class is.

1.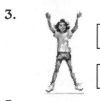

2.

3.

4.

5.

6.

La clase favorita de Ángela es la clase de __ __ __ __ __ __ __ __ .

4 Complete Juan's conversation with Mari using the words in the box and his class schedule.

| mañana | luego | hoy | por fin | primero |

viernes	sábado
biología	
matemáticas	
alemán	
educación física	
almuerzo	
español	
computación	

MARI Oye, Juan, ¿qué clases tienes _____?

JUAN Bueno, _____ tengo la clase de

biología. Después tengo _____,

_____ y _____.

_____ tengo el almuerzo, español

y _____ la clase de computación.

MARI ¿Y _____? ¿Qué clases tienes?

JUAN Hombre, ¡el sábado es un día libre!

5 Claudia is writing a short letter to her friend Sonia, back in Mexico City, about her life in Cuernavaca. Complete her letter with the correct definite article: **el**, **la**, **los**, or **las**.

Cuernavaca

8 de octubre

Querida Sonia,

¿Cómo estás? Yo estoy muy bien aquí en Cuernavaca. Me gusta **1.** _____ nuevo

colegio. **2.** _____ estudiantes son simpáticos e inteligentes. **3.** _____ direc-

tor se llama Sr. Altamirano. Este año, tengo nueve materias. **4.** _____ clases de

ciencias sociales y literatura son mis favoritas. Son muy interesantes. También me

gusta **5.** _____ clase de francés, pero necesito estudiar mucho. **6.** _____

exámenes son difíciles. ¡Y **7.** _____ tarea es horrible! Bueno, ahora necesito ir a

8. _____ librería. Quiero comprar **9.** _____ libros para **10.** _____ clases

de geografía y biología. Después, voy a **11.** _____ pizzería con mis amigos

Fernando y María Inés. ¡Escríbeme pronto!

Un abrazo,

Claudia

6 Teresa and Patricia were passing a note in study hall about their afternoon classes and plans for after school. Can you put the pieces of their torn-up note back in order? Write the number of the sentence in the left-hand column next to the sentence in the right-hand column that goes with it.

1. Hola, Tere. ¿Qué clases tienes? _____ Sí, me gusta, pero necesito estudiar mucho. Hay mucha tarea.

2. ¿Te gusta la clase? _____ Sí, gracias. Necesito estudiar también.

3. Y después, ¿qué clases tienes? _____ Bueno, primero tengo la clase de historia con el profesor Román.

4. Y después, ¿quieres ir al partido de basquetbol? _____ Sí, quiero, pero necesito estudiar.

5. ¿Quieres estudiar en mi casa? _____ Después tengo computación, ciencias y luego español.

7 For each clock, write a question asking what time it is or if it's a certain time. Then answer the question.

1. _____ 2. _____ 3. _____

_____ _____ _____

4. _____ 5. _____ 6. _____

_____ _____ _____

8 Look at the series of pictures showing a typical day in the life of Esteban. What time of the day do you think it is when Esteban does all these things? First number the drawings 1–4, according to the order in which they happen. Then write a sentence in Spanish saying what time you think it is in each drawing.

____   ____   ____   ____

1. _____

2. _____

3. _____

4. _____

¡Ven conmigo! Adelante Level 1A, Chapter 3

■ SEGUNDO PASO

9 Beto and Lola are at the Pizzería Napolitana discussing the first day of classes. Complete their conversation with the words and expressions from the box. Some words or expressions may be used more than once.

| prisa | es a las | ¿a qué hora es? | atrasada | a las | son las | ¿qué hora es? |

BETO   ¿Qué clases tienes este semestre?

LOLA   Bueno, primero tengo álgebra _____ 8:45 de la mañana. Es una clase

interesante. Después, _____ 9:45 tengo geografía. Me gusta esa clase.
Es divertida.

BETO   Tengo geografía también, pero mi clase _____ 2:30 de la tarde. Mi

clase favorita _____ 10:00 de la mañana. Es la clase de literatura. Hay
mucha tarea en esa clase, pero me gusta.

LOLA   Necesitas comprar muchos libros para la clase, ¿verdad?

BETO   Sí. Necesito ir a la librería esta tarde _____ seis.

LOLA   Perdón, Beto... ¿_____ ahora?

BETO   _____ cuatro y veinticinco.

LOLA   ¡Es tarde! Estoy _____. Necesito ir a casa ahora mismo. Quiero ver
(*to see*) mi programa de televisión favorito.

BETO   ¿Y _____ el programa?

LOLA   ¡_____ cuatro y media!

BETO   Entonces, ¡date _____!

10 Bárbara's made a list of things she's going to do today and when she's going to do them. First decide whether each item in her list is something she wants to do or something she needs to do. Then write a sentence stating what she needs or wants to do and at what time. Write out the times, and indicate morning, afternoon, or evening, as in the model.

MODELO   comprar lápices en la librería (3:00 P.M.)
Bárbara necesita comprar lápices en la librería a las tres de la tarde.

1. ir al colegio (8:45 A.M.)

_____

_____

2. ir a la clase de español (9:50 A.M.)

_____

_____

¡Ven conmigo! Adelante Level 1A, Chapter 3   Practice and Activity Book **31**

HRW material copyrighted under notice appearing earlier in this work.

3. ir a la pizzería (12:20 P.M.)

_____

_____

4. organizar el armario (3:30 P.M.)

_____

_____

5. comprar nuevas zapatillas de tenis (4:15 P.M.)

_____

_____

6. hacer la tarea para mañana (6:00 P.M.)

_____

_____

7. cenar *(to have dinner)* (8:15 P.M.)

_____

_____

11 Once again, Carmen's late for an appointment, this time with Professor Sánchez. Complete the following conversation between her and Felipe with the appropriate word from the box. You may use some words more than once.

qué hora		atrasada		atrasado		en punto	
	ahora		prisa		date		a qué hora

FELIPE   Carmen, ¿por qué tienes **1.** _____?

CARMEN   Es que estoy **2.** _____.

FELIPE   Pero, ¿por qué? Es temprano *(early)*.

CARMEN   Sí, pero necesito hablar *(to talk)* con el profesor Sánchez esta mañana.

FELIPE   ¿De veras? **3.** ¿_____ necesitas hablar con él?

CARMEN   A las ocho **4.** _____. ¿Sabes *(Do you know)*

          5. _____ es, Felipe?

FELIPE   A ver. **6.** _____ son las ocho y cinco.

CARMEN   ¡Ay, no! No puede ser. *(It can't be.)* Estoy muy **7.** _____.

FELIPE   Pues, no te preocupes *(don't worry)*. El profesor Sánchez siempre está

          8. _____ también.

CARMEN   Sí, pero ya está en su oficina *(He's already in his office)*.

FELIPE   **9.** ¡_____ prisa, Carmen! ¡Hasta luego!

12 Rafael and Guillermo have run into each other in the hallway between classes. Write a short conversation between the two. Use the cues below as a guide.

Rafael	Guillermo
Greets Guillermo. Asks him how he is.	Says fine, thanks, and asks about Rafael.
Says he's so-so. Asks if Guillermo wants to go to the movies today.	Says yes, and asks at what time.
Says at 4:30 P.M.	Says yes, he wants to go, but first he needs to do his homework.
Says very well. Asks what time it is.	Says that it's 2:30. Says that he has class now. Says that he's late.
Says that he's late, too. Tells Guillermo to hurry up.	Says see you later.

13 Claudia is having a difficult first week at her new school! She and Profesor Garza just collided in the hallway, and now their stuff is all mixed up. Help sort things out by saying which things belong to which person, following the model below.

MODELO   La regla / Claudia
           La regla es de Claudia.

1. los exámenes / el profesor Garza _____

2. las carpetas / Claudia _____

3. el dinero / el profesor Garza _____

4. el sándwich / Claudia _____

5. la fruta / el profesor Garza _____

6. los libros / Claudia _____

7. los bolígrafos / el profesor Garza _____

■ TERCER PASO

14 Write a question for each illustration below using the tag question forms you learned on page 131 of your textbook. The first one is done for you as a model.

mis amigos

las clases

Examen de español
Capítulo 1

B- ¡Bien!

los exámenes

Mis amigos son simpáticos,

¿verdad?

_____ _____

_____ _____

_____ _____

el Presidente de EEUU

el monstruo

los profesores

_____ _____ _____

_____ _____ _____

_____ _____ _____

¡Ven conmigo! Adelante Level 1A, Chapter 3

15 Claudia and Fernando are having a snack after class in a café. Complete their conversation with the correct forms of the verb **ser**.

FERNANDO Bueno, Claudia... ¿Cómo _____ tus clases?

CLAUDIA ¡Uf! ¡Ya tengo mucha tarea! Las clases _____ difíciles en este colegio.

FERNANDO Sí, aquí los profesores _____ muy estrictos.

CLAUDIA Mi profesor de computación se llama Profesor Guzmán.

FERNANDO ¡Ay! ¡Qué mala suerte! *(what rotten luck!)* Él _____ muy estricto.

CLAUDIA ¿Y cómo _____ la profesora de historia?

FERNANDO ¿La profesora Ureña? Bueno, _____ inteligente y divertida. Pero la clase no _____ fácil. Necesitas estudiar mucho.

CLAUDIA Y hay un profesor de biología... no sé *(I don't know)* cómo se llama. _____ alto, guapo y moreno.

FERNANDO Ah, el profesor Chamorro. Es muy inteligente y la clase de biología _____ super-interesante.

CLAUDIA Bueno, tengo que irme. Necesito hacer la tarea para mañana.

FERNANDO Claudia, ¡no te preocupes! Tú _____ muy inteligente.

16 Complete the sentences below by circling the two adjectives that correctly match the subject of each sentence.

1. La profesora Alonso es...
   a. inteligentes **b.** baja **c.** moreno **d.** simpática

2. Las novelas de Mark Twain son...
   a. difícil **b.** cómicas **c.** interesantes **d.** aburrida

3. Mi amigo Roberto es...
   a. guapo **b.** cómica **c.** alta **d.** rubio

4. Las fiestas del club de español son...
   a. grandes **b.** aburrido **c.** divertidas **d.** buena

5. Los estudiantes de mi colegio son...
   a. bueno **b.** guapos **c.** inteligentes **d.** antipática

6. La clase de historia es...
   a. interesantes **b.** fáciles **c.** divertida **d.** difícil

7. La tarea para mañana es...
   a. horrible **b.** divertidas **c.** fáciles **d.** aburrida

8. Mi perro *(dog)* Max es...
   a. malos **b.** cómico **c.** fea **d.** bonito

17 Fill in the blanks of the sentences below with the correct form of the adjectives in parentheses.

1. Mi clase favorita es la geografía porque es _____ (interesante).

2. La profesora de español es muy _____ (estricto).

3. No me gustan las clases _____ (aburrido).

4. Todos *(All)* mis amigos son _____ (simpático).

5. Para mí, los videojuegos son muy _____ (divertido).

6. No me gustan los exámenes de matemáticas porque son _____ (difícil).

7. María estudia *(studies)* mucho; es muy _____ (inteligente).

8. Mi amiga Berta es _____ (bonito).

18 Your little brother won't stop asking questions! Get him off your back by answering the questions below. Base your answers on your opinions of the things mentioned.

MODELO   —¿Por qué te gusta la clase de español?
                     —Me gusta porque es divertida.

1. ¿Por qué no te gustan los exámenes?

    _____

2. ¿Por qué te gustan los deportes?

    _____

3. ¿Por qué te gustan los videojuegos?

    _____

4. ¿Por qué te gusta el profesor Román?

    _____

19 Complete the sentences below using adjectives from the reading on page 37 with the correct form of **ser**. Remember to make the adjective match its subject!

Yo... _____

Mis amigos y yo... _____

Mi familia... _____

El profesor/La profesora de español... _____

Los estudiantes de la clase de español... _____

Tú _____

Nosotros _____

■ VAMOS A LEER

20 Do you have a favorite color? Do you think that someone's favorite color is an indication of his or her personality? Read the article below, then answer the questions. (HINT: If you've forgotten the colors, see page 12 of your textbook.)

Analiza el "color" de tu personalidad

Rojo	Si te gusta el rojo, entonces eres impulsivo(a), impaciente y extrovertido(a).
Azul	¿Prefieres el azul? Pues, probablemente eres serio(a) e intelectual.
Verde	Si te gusta el verde, eres una persona paciente, generosa y tolerante.
Amarillo	El amarillo es el color de las personas optimistas e idealistas. Si prefieres el amarillo, probablemente eres muy activo(a) también.
Anaranjado	¿Prefieres este color? Entonces eres sociable, realista y honesto(a).
Morado	¿Te gusta el morado? Pues, éste es el color de las personas artísticas y románticas.

One of the reading strategies you've practiced is working with cognates. You probably noticed some cognates as you were reading through this article. Find the Spanish cognates of these English adjectives:

honest   impulsive   serious

_____   _____   _____

generous   intellectual   active

_____   _____   _____

romantic   sociable   extroverted

_____   _____   _____

■ CULTURA

21 Read the following statements and mark them **cierto** or **falso**. Correct the false statements.

_____ 1. Some students in Spanish-speaking countries go home for lunch and a **siesta** during the school day.

_____ 2. In Peru, a score of 19 on a test is considered a good grade.

_____ 3. Mexican schools use a scale of 1 to 50 for their grades.

_____ 4. Stores and businesses will close between 5:00 and 7:00 P.M. for the **siesta**.

_____ 5. Spanish-speakers are very informal with how they address their teachers.

_____ 6. The title **licenciado** is for people with a bachelor's degree from a university.

22 Complete the following statements about Mexico with the correct information. Write the letter in the space provided.

1. The total population of Mexico is _____.
   a. around 9,000,000
   b. around 90,000,000

2. Mexico is _____ the size of Texas.
   a. one-third
   b. three times

3. The monetary unit of Mexico is the _____.
   a. peseta
   b. nuevo peso

4. Steel, silver, and _____ are some of Mexico's main industries.
   a. copper
   b. petroleum

5. People in Mexico speak _____.
   a. Spanish and native languages
   b. only Spanish

¿Qué haces esta tarde?

■ DE ANTEMANO

1 As you saw in the **fotonovela**, everybody has a lot of questions. Match the different questions and answers below.

_____1. Luis, ¿vas a Taxco con Claudia y Rosa?

_____2. ¿Dónde está el correo?

_____3. ¿Qué hace María Inés después de bailar?

_____4. Claudia, tú cantas en el coro con María Inés, ¿verdad?

_____5. ¿A María Inés le gusta bailar?

a. Por lo general estudia en la biblioteca.

b. Sí, le gusta mucho. Los sábados baila con un grupo de baile folklórico.

c. No, Rosa. Canto en el coro con Luis.

d. Sí, señor... voy con ellas.

e. Está en la Plaza de la Constitución. ¿Vamos allá ahora?

2 Complete Juan José's description of where he and his friends go and what they do after classes. Use the words in the box.

correo	biblioteca	librería	centro comercial	
	gimnasio		cuarto	casa

Después de clases hoy, voy al **1.** _____ , porque quiero comprar

unos zapatos nuevos. Mi amiga Diana necesita ir a la **2.** _____ para

hacer la tarea para mañana. Ernesto va primero al **3.** _____. Quiere

comprar unas estampillas *(stamps)*. Después va a **4.** _____ porque

necesita organizar su **5.** _____. Susana quiere jugar al voleibol en el

6. _____ con sus amigos. Y Cristóbal va a la

7. _____ porque necesita comprar muchas cosas para las clases.

■ PRIMER PASO

3 Tomás is trying to find someone to shoot baskets with after classes. Complete his conversations with different classmates below. Use the expressions in the box. Each expression may be used more than once. Does Tomás find someone to play basketball with him?

> me gusta   te gusta
> le gusta   qué haces

TOMÁS   José María, **1.** ¿_____ después de clases?

JOSÉ MARÍA   Juego mucho al basquetbol. Es mi deporte favorito.

TOMÁS   ¿Quieres jugar después de clases hoy?

JOSÉ MARÍA   Necesito hacer la tarea, pero a Carmen **2.** _____ jugar al basquetbol.

TOMÁS   Carmen, **3.** _____ el basquetbol, ¿no?

CARMEN   ¿El basquetbol? Pues no, no **4.** _____ . Me gusta el voleibol.

TOMÁS   ¿El voleibol? Pero a mí no **5.** _____ el voleibol.

CARMEN   Pues, habla *(talk)* con David. A él **6.** _____ jugar al basquetbol.

TOMÁS   Oye, David... **7.** ¿_____ el basquetbol?

DAVID   No, pero **8.** _____ nadar. ¿Quieres nadar conmigo hoy después de clases?

TOMÁS   No, gracias. ¡Quiero jugar al basquetbol!

DAVID   Pues... a Luis **9.** _____ practicar los deportes, sobre todo *(especially)* el basquetbol.

TOMÁS   Ah, sí. Y a mí **10.** _____ jugar con Luis. ¡Él juega *(plays)* muy bien! ¡Qué buena idea!

4 Take the role of either Irina or Felipe in the illustrations below. Write a sentence for each picture, saying what you and your friends like and don't like to do.

Irina/pintar

1. _____

Felipe/escuchar música

2. _____

César/sacar la basura

3. _____

Fernanda/descansar

4. _____

Pedro/nadar

2. _____

Sarita/lavar la ropa

3. _____

Juanita/mirar la televisión

7. _____

5 Jorge is asking Patricia what everyone does after school. Complete their conversation with the words from the word box. Remember to use the correct form of the verb!

> sacar   nadar   practicar   cuidar
> descansar   tomar   lavar
> bailar   tocar   hacer   preparar

JORGE   Patricia, ¿qué _____ tú después de clases los viernes?

PATRICIA   ¿Yo? Bueno, los viernes _____ el piano de 3:30 a 4:30. Luego

mi papá y yo _____ la cena.

JORGE   ¿Y Elisa y Lorena?

PATRICIA   Elisa y Lorena _____ con el grupo de baile folklórico. Después

ellas _____ un refresco.

JORGE   ¿Y qué hacen Cristián y David?

PATRICIA   Ellos _____ deportes. ¡Les gusta mucho el fútbol! Luego

_____ en el parque o _____ en la piscina.

JORGE   ¿Y Reynaldo? ¿Qué hace él?

PATRICIA   Él _____ la basura, _____ la ropa y

_____ a su hermano Miguel.

JORGE   ¡Pobrecito! *(Poor guy!)*

6 Look over the vocabulary on pp. 149 and 154 of your text, then complete the sentences below with the correct form of the missing verbs. Write the verbs in the correct space in the crossword puzzle.

HORIZONTALES

Guillermo 2. ___ la televisión por la tarde.

Mercedes y yo 4. ___ en la clase de arte.

Nosotros 6. ___ música en mi casa.

Yo siempre 10. ___ a mi hermanito Luis.

Tú 11. ___ con el perro todos los días, ¿verdad?

Javier y Gonzalo 12. ___ la guitarra.

Pilar 13. ___ el carro de su mamá.

VERTICALES

Rebeca 1. ___ en un restaurante italiano.

Yo 3. ___ un refresco con mis amigos.

Después de clases, Manolo 4. ___ en su cuarto.

Mi papá y mi mamá 5. ___ la cena.

Arturo e Isabel 7. ___ en bicicleta en el parque.

Martín 8. ___ la basura.

Carolina 9. ___ el piano.

7 Rosa's friend Héctor always wants to know what's going on. Write out Rosa's answers to Héctor's questions, using the cues in parentheses and following the model below.

MODELO   HÉCTOR ¿Quién toma un refresco contigo? (Sara y Luis)
             ROSA **Sara y Luis toman un refresco conmigo.**

1. ¿Quién monta en bicicleta conmigo? (Miguel y yo)

_____

_____

2. ¿Quién trabaja en el restaurante con Susana? (Paco y Lupita)

_____

_____

3. ¿Quién nada con Sebastián y Carlota? (Enrique)

_____

_____

4. ¿Quién mira la tele contigo? (Tú y Miguel)

_____

_____

5. ¿Quién camina en el parque con Germán? (Yo)

_____

_____

■ SEGUNDO PASO

8 Franco has just moved to a new town and is writing a letter describing it to his friend Rafael. Complete his letter with the correct form of the verb estar.

Querido Rafa,

   ¿Cómo 1. _____, chavo? Yo 2. _____ muy bien. Me gusta mucho mi nueva ciudad. Mi casa 3. _____ en una zona muy bonita. El Parque de la Constitución 4. _____ muy cerca de la casa. El colegio 5. _____ lejos. Necesito ir a clases en el autobús o el metro. Mi colegio nuevo se llama Colegio Sarmiento, y 6. _____ en la Plaza de San Juan. Allá hay muchas cosas. Por ejemplo, el cine y la pizzería 7. _____ al lado del colegio.

   Bueno, ¿qué tal las clases este año? ¿Cómo 8. _____ Felipe y Marcos? Escríbeme pronto y cuéntame todo.

                                         Un abrazo,
                                         Franco

9 Silvia can't find anything in her room! On this page and the next, answer Silvia's questions using the prepositions in the box.

MODELO   la mochila
         SILVIA   ¿Dónde está mi mochila?
             TÚ   **Está debajo de la cama.**

encima de   debajo de
al lado de   cerca de

1. ¡Ay, pero soy un desastre! ¿Dónde están mis zapatos?

   _____

   _____

¡Ven conmigo! Adelante Level 1A, Chapter 4   Practice and Activity Book **43**

HRW material copyrighted under notice appearing earlier in this work.

CAPÍTULO 4 Segundo paso

2. Tengo clase. ¿Dónde están mis libros?

   _____

   _____

3. ¡Mi tarea! ¿Dónde está?

   _____

   _____

4. ¡El dinero! ¿Dónde está el dinero?

   _____

   _____

5. Llamamos *(Let's call)* a Rafael. ¿Pero dónde está el teléfono?

   _____

   _____

6. Quiero tocar la guitarra. ¿Pero dónde está?

   _____

   _____

7. ¿Dónde está el diccionario?

   _____

   _____

8. Necesito hacer la tarea de matemáticas. ¿Dónde está la calculadora?

   _____

   _____

9. Mmmm. ¿Dónde está la pizza?

   _____

   _____

10 You know that you don't use subject pronouns in Spanish as often as in English, but you still need to know them and understand what pronoun to use with whom. Look over the Gramática section on p. 166 of your textbook, then answer the questions below.

What subject pronoun should you use to talk **to** the following people?

1. tu amiga Maripili

 _____

2. la profesora Benavides

 _____

3. tu amigo Rodolfo

 _____

4. tus amigos españoles, Concha y Manolo

 _____

What subject pronoun should you use to talk **about** the following people?

5. el Sr. Durán, director del colegio

 _____

6. tu amigo Bernardo

 _____

7. tus amigas Margarita y Susana

 _____

8. tú y tu amigo Sergio

 _____

CAPÍTULO 4 Segundo paso

■ TERCER PASO

11 Carolina and Leonora are talking about everyone's plans for the weekend. Read through their conversation and fill in the blanks with the correct form of ir.

CAROLINA   Oye, Leonora, ¿adónde _____ tú el sábado?

LEONORA   ¿Yo? Bueno, por la mañana _____ a la piscina para nadar. Marián _____ conmigo. ¿Quieres ir con nosotras? Vamos allá a las doce.

CAROLINA   Yo _____ al cine con Francisco a las doce, pero si tú y Marián _____ a la piscina más tarde, a las cuatro...

LEONORA   Ay, chica, lo siento, pero no puedo *(I'm sorry, but I can't)*. Mi famila y yo _____

a un concierto de jazz. Marián _____ con nosotros. ¿Quieres ir también?

CAROLINA   Bueno, a mí me gusta el jazz. ¿A qué hora _____ ustedes?

LEONORA   Nosotros _____ a las cuatro y media. Entonces, ven *(come)* a mi casa a las cuatro si quieres ir. ¿Está bien?

CAROLINA   Perfecto, hasta luego.

12 Carlos and his friends are always going one place or another. But Carlos is sick today. Put the following information from his phone messages together to ask and tell where everyone's going and what they're going to do today. Follow the model.

MODELO   Marta / gimnasio / 3:30 / jugar al voleibol
¿Adónde va Marta?
Marta va al gimnasio a las tres y media para jugar al voleibol.

1. Joaquín / parque / 4:00 / caminar con el perro

   ¿_____?

   _____

2. José y Lalo / casa de Marcos / 5:30 / hacer la tarea

   ¿_____?

   _____

3. Claudia, Leti y Néstor / cine / 7:00

   ¿_____?

   _____

4. Eugenia, Iván y tú / restaurante / tomar un refresco

   ¿_____?

   _____

5. tú / parque / ahora / montar en bicicleta

   ¿_____?

   _____

13 Which day or days of the week do you associate with the following things or activities? Write the day or days you associate with each, then explain why.

MODELO   lavar el carro
los domingos: En mi casa, siempre lavamos el carro los domingos.

1. los deportes _____

   _____

2. ir a un restaurante _____

   _____

3. los bailes _____

   _____

4. mirar la televisión _____

   _____

5. lavar la ropa _____

   _____

6. organizar mi cuarto _____

   _____

7. ir al centro comercial _____

   _____

8. descansar _____

   _____

9. ir al cine _____

   _____

14 What are your favorite and least favorite days of the week? Explain why you like or don't like each of these days, as in the **modelo**.

MODELO   los sábados, los jueves
Me gustan los sábados porque voy al cine con mis amigos.
No me gustan los jueves porque organizo mi cuarto.

_____

_____

_____

_____

_____

15 It's getting close to the holidays and your calendar is filling up fast! To keep track of everything, make an agenda for the coming week. For each day, list one thing you want or need to do, and a place you will go. Use the expressions **necesito** + infinitive, **quiero** + infinitive, and **voy a….**

MODELO   **El lunes necesito estudiar. Voy al cine con Diego.**

AGENDA PARA LA SEMANA QUE VIENE
lunes
martes
miércoles
jueves
viernes

16 Imagine that Esteban, a friend of yours from Mexico, is coming to visit you in a few weeks. He'll stay with you Saturday and Sunday. Write him a postcard telling him your plans for the two of you. For each day, mention two places the two of you will go, and what you'll do there. Remember to ask Esteban if he likes the activities and places you've included in your plans!

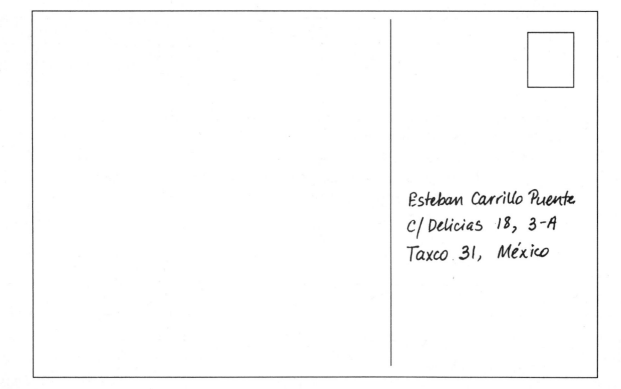

Esteban Carrillo Puente
C/ Delicias 18, 3-A
Taxco 31, México

¡Ven conmigo! Adelante Level 1A, Chapter 4

■ VAMOS A LEER

17 To the right is part of a brochure advertising different activities offered at the YMCA sports club in Buenos Aires, Argentina. Look over the page and answer the following questions.

a. The ad lists four main topics. Look over what's listed under each of these topics, then match each topic to its English equivalent below.

_____ 1. deportes

_____ 2. actividades socio-culturales

_____ 3. instalaciones

_____ 4. gimnasia

   a. *facilities*
   b. *gymnastics*
   c. *sports*
   d. *social and cultural activities*

b. Can you figure out which sports go on in which part of the Buenos Aires YMCA? Match up each **deporte** with its correct **instalación**.

_____ 1. natación

_____ 2. pelota a mano

_____ 3. aerobismo

_____ 4. basquetbol y voleibol

a. pista aeróbica

b. gimnasios cerrados

c. piletas climatizadas

d. canchas de pelota a mano

ACJ. A 5 minutos de la oficina.

GIMNASIA:
- Mantenimiento.
- Aero-local.
- Step training.
- Low impact.
- Body sculptura.
- Cross training.
- Yoga.
- Streching.
- Rehabilitación cardiovascular.
- Aquaerobic.
- Relax time.
- Tai chi chuan.

ACTIVIDADES SOCIO CULTURALES:
- Ajedrez.
- Fotografía.
- Tango.
- Folklore.
- Teatro.
- Salidas y excurciones.
- Campamentos.

DEPORTES:
- Natación.
- Papi-fútbol.
- Básquetbol.
- Vóleibol.
- Racquet-ball.
- Pelota mano.
- Karate.
- Aerobismo.
- Buceo.

INSTALACIONES:
- Piletas climatizadas.
- Gimnasios cerrados.
- Solarium.
- Gimnasio de pesas y complementos.
- Pista aeróbica.
- Baño sauna.
- Canchas de pelota a mano.
- Restaurant y confitería.

ASOCIACION CRISTIANA DE JOVENES (YMCA)
Informes planta baja de lunes a viernes de 9 a 20 hs. y sábados de 9 a 12 hs.
Reconquista 439 - 311-4785/86/87 313-8953/8938

c. Now look more carefully at the listings under **Gimnasia**, **Deportes**, and **Actividades**. Many of the words are cognates, so you should see words you recognize and understand. Make a list below of at least four sports and activities offered at the Buenos Aires YMCA that you like.

_____

_____

_____

_____

_____

Text from advertisement for "Asociación Cristiana de Jóvenes (YMCA)." Reprinted by permission of *Asociación Cristiana de Jóvenes (YMCA)*.

HRW material copyrighted under notice appearing earlier in this work.

margin: CAPÍTULO 4 vamos a leer

■ CULTURA

18 Decide if the following statements are true or false. Write **c** for **cierto** or **f** for **falso** in the spaces provided.

_____ 1. Fernando Valenzuela is a professional tennis player.

_____ 2. Soccer, tennis, and baseball are popular sports in the Spanish-speaking world.

_____ 3. **Chavo, chamaco,** and **cuate** are names of sports in Latin America.

_____ 4. Friends sometimes call each other **pata** or **'mano,** depending on where they're from.

_____ 5. The name **Cuernavaca** comes from Nahuatl, the language of the Aztecs.

_____ 6. **La Plaza de las Armas** is in Mexico City.

_____ 7. The use of **tú** and **usted** hardly varies from country to country.

_____ 8. Many people in Spanish-speaking countries get their mail at a central post office.

19 Your class has just received a letter from the **Colegio Reforma** in Cuernavaca, Mexico. They have a lot of questions about life and school in the U.S. You've been assigned to answer their questions below.

1. ¿Qué hacen ustedes los fines de semana?

_____

_____

2. ¿Qué hacen después de clases?

_____

_____

3. ¿Te gusta caminar con amigos?

_____

_____

4. ¿Adónde van para caminar?

_____

_____

CAPÍTULO **5**

El ritmo de la vida

■ DE ANTEMANO

1 Armando is a new student at Seminole High School in Miami. First read the letter he wrote to his cousin Yolanda in Panama about his new home and new routine, then answer the questions below.

Miami, 8 de noviembre

Querida Yolanda,
    ¿Cómo estás? Yo, muy bien. Aquí el ritmo de la vida es increíble. ¡Hay muchísimas cosas que hacer!
    Los lunes y los jueves tengo la clase de artes marciales. Me gustan mucho el karate y el tae-kwon-do. Los martes tenemos la reunión del club de arte de mi colegio. Los miércoles y los viernes toco la batería *(drums)* en la banda del colegio. Los sábados por la noche, a veces vamos a una fiesta en casa de amigos. Los domingos, voy con mamá y papá a comer en un restaurante cubano. ¡Me gusta mucho la comida cubana!
    Bueno, escríbeme y cuéntame cómo están todos.

Con cariño,
Armando

Look at Armando's schedule. Based on what he wrote in his letter, decide if all of the information is accurate. Check **sí** if it is correct. Check **no** if it is not. For the items that are not correct, fill in the calendar with the correct information.

		sí	no
lunes	*clase de artes marciales*		
martes	*reunión del club de español*		
miércoles	*toca la batería con la orquesta*		
jueves	*clase de arte*		
viernes	*toca la batería con la banda del colegio*		
sábado	*va a una fiesta*		
domingo	*va a un restaurante chino*		

CAPÍTULO 5 De antemano

■ PRIMER PASO

2 Elena hasn't seen her grandmother for a while. Read the questions her **abuela** *(grandmother)* asks her, then write Elena's responses, using the cues in parentheses. Follow the model.

MODELO Mi hija, ¡estás muy delgada! ¿No desayunas? (siempre)
Sí, abuela, siempre desayuno.

1. ¡Elena! ¿Nunca organizas tu cuarto? ¡Es un desastre! (a veces)

   _____

2. Elena, ¿todavía tocas el piano? Tócame *(Play me)* algo de Beethoven. (nunca)

   _____

3. Elena, ¿con qué frecuencia ayudas en casa? (todos los días)

   _____

4. Elena, ¿vas al cine con tus amigos durante la semana? (sólo cuando no tengo tarea)

   _____

3 Using the cues provided, write a true statement that each person might make using **siempre** or **no (nunca)**. Base your answers on what you know and on the cultural information you learned so far.

MODELO **Alma, Lawrence, Kansas:** tener nueve clases al día
Aquí nunca tenemos nueve clases al día.

1. **Juan, New York, New York:** regresar a casa a las doce del día para el almuerzo

   _____

   _____

2. **Conchita, Oaxaca, México:** en el colegio, tener por lo menos *(at least)* seis clases

   _____

   _____

3. **Marcos, Valencia, España:** para ir a la casa de un amigo, tomar el autobús

   _____

   _____

4. **Lourdes, San Ysidro, California:** en mi colegio, tener clases después de las tres y media de la tarde

   _____

   _____

4 What's it like to be a millionaire at twelve? Read this interview between **Música y más** magazine and Adrián, a teenage star. Then respond to the statements that follow with **cierto** or **falso**. Correct the false statements.

Música y más entrevista a... *Adrián Sandoval*

M y m Seguro, Adrián, que no tienes tiempo para muchas cosas...

Adrián Bueno, ¡soy más normal de lo que piensas! *(I'm more normal than you think!)* Siempre tengo tiempo para mis amigos.

M y m Tienes una vida social muy ocupada *(a very busy social life)*, ¿verdad?

Adrián A veces necesito cantar en conciertos o en programas de televisión. Pero, generalmente *(usually)*, durante la semana estoy en casa.

M y m ¿Y cómo es un día típico?

Adrián Bueno, siempre desayuno. Después voy al colegio.

M y m ¡Qué bien! Y después del colegio, ¿qué haces?

Adrián A ver, a veces necesito trabajar en el estudio. Y necesito hacer la tarea todos los días.

M y m ¿Y los fines de semana?

Adrián Bueno, muchas veces no hago nada. Pero a veces me gusta ir con amigos al cine, pero sólo cuando no tengo mucha tarea.

M y m Ya eres millonario, ¿no? ¿Y todavía ayudas en casa?

Adrián ¡Siempre! Muchas veces cuido a mis hermanos, y a veces aun *(even)* preparo la comida.

M y m ¿Y qué tal la comida que preparas?

Adrián ¡Horrible! ¡Guácala! *(Yuck!)*

---

1. Adrián no necesita cantar en conciertos todos los días.

   _____

2. Muchas veces Adrián no desayuna porque está atrasado.

   _____

3. Adrián siempre hace muchas cosas los fines de semana.

   _____

4. Durante la semana va con amigos al cine.

   _____

5. Adrián siempre prepara la comida.

   _____

5 Make a list in Spanish of four things you never do, and explain why you never do them. Look at the vocabulary list for Chapters 4 and 5 if you need some ideas.

MODELO   Nunca voy a los partidos de fútbol del colegio porque siempre
            organizo mi cuarto los sábados por la mañana.

_____

_____

_____

_____

_____

CAPÍTULO 5 Primer paso

¡Ven conmigo! Adelante Level 1A, Chapter 5

Practice and Activity Book **53**

HRW material copyrighted under notice appearing earlier in this work.

6 Who are your favorite people? Answer the questions below, explaining why each person or group of people is your favorite.

MODELO ¿Quién es tu persona favorita?
Mi persona favorita es mi amigo Sam. Es muy simpático y cómico.

1. ¿Quién es tu profesor/a favorito/a? _____
   _____

2. ¿Quién es tu cantante *(singer)* favorito? _____
   _____

3. ¿Quién es tu mejor amigo o amiga? _____
   _____

4. ¿Quiénes son tus atletas favoritos? _____
   _____

7 What kind of life do you lead? Is it too busy, too disorganized, or just right? Take the following magazine poll to analyze your lifestyle. Answer each question based on what's true for you. Keep track of how many **a.**, **b.** and **c.** answers you've circled, and then read the article's description of your personality and lifestyle. Is it correct?

¿Te gusta el ritmo de tu vida?

1. ¿Con qué frecuencia haces la tarea?
a. siempre
b. a veces
c. nunca

2. ¿Con qué frecuencia descansas o duermes la siesta *(do you take a nap)*?
a. nunca o casi nunca
b. a veces
c. todos los días

3. ¿Con qué frecuencia organizas tu cuarto?
a. todos los días
b. sólo cuando sea *(it's)* necesario
c. nunca

4. ¿Con qué frecuencia vas al cine con tus amigos?
a. nunca
b. a veces
c. todos los días

5. ¿Con qué frecuencia lavas los platos?
a. todos los días
b. a veces
c. nunca

6. ¿Con qué frecuencia miras la televisión?
a. nunca
b. sólo a veces, para mirar mis programas favoritos
c. siempre

7. ¿Con qué frecuencia sacas la basura?
a. siempre
b. a veces
c. nunca

8. ¿Con qué frecuencia practicas un deporte?
a. nunca
b. a veces
c. todos los días

Análisis:

a.—Si la mayoría *(most)* de tus respuestas son **a.**, entonces trabajas mucho—¡y es un problema! Tienes un ritmo de vida muy complicado. Necesitas descansar más y hacer cosas divertidas en tu tiempo libre.

b.—Si la mayoría de tus respuestas son **b.**, está bien. Eres una persona equilibrada. En tu vida hay un balance entre las responsabilidades y el tiempo libre. Trabajas, pero también descansas.

c.—Si la mayoría de tus respuestas son **c.**, entonces descansas mucho—¡y es un problema! Tienes un ritmo de vida desorganizado. Necesitas ser más responsable y organizado en tus estudios.

CAPÍTULO 5 Primer paso

HRW material copyrighted under notice appearing earlier in this work.

■ SEGUNDO PASO

8 Below is a letter from Clara about what she and her friends like to do in their spare time. Read Clara's letter and complete it with the correct words or phrases from the box.

> **■ nos** te les me
> **■ a ellos** le **a ellas**

> *Querido amigo,*
>
> *¡Hola! Me llamo Clara Serrano, y soy de Montevideo, Uruguay. A mí*
>
> **1.** _____ *gustan muchas cosas: montar en bicicleta en el parque,*
>
> *comer pizza en el centro y pasar el rato con mis amigos. Después de*
>
> *clases, a nosotros* **2.** _____ *gusta ir al cine. A mi amigo Leonardo*
>
> **3.** _____ *gustan las películas de aventura. Mis amigas Carmen*
>
> *y Rebeca son simpáticas.* **4.** _____ *les gustan las películas de*
>
> *ciencia ficción. ¿Y mis amigos Horacio y Abel?* **5.** *Pues* _____ *les*
>
> *gustan mucho las películas de horror. Vamos al cine dos veces por*
>
> *semana. A mí* **6.** _____ *gusta ir por la tarde, pero a mis amigos*
>
> **7.** _____ *gusta ir por la noche. ¿A ti* **8.** _____ *gusta ir al cine?*
>
> *¿Qué películas* **9.** _____ *gustan?*

9 For each of the drawings below, write a sentence explaining what the people in the drawings like, or don't like, to do. Then say how often they do the activities shown.

Marta y Susana

Isabel y Bingo

David y Micaela

1. _____

_____

2. _____

_____

3. _____

_____

_____

10 Imagine that you have a twin brother named Silvio. You both like to do many of the same things. Look at the lists of favorite activities for you and your twin. If only one of you likes an activity, write a sentence saying which one of you likes it. If you both like an activity, write a sentence saying that you like to do that activity together.

Yo	Silvio
esquiar	pescar
acampar	acampar
bucear	hacer ejercicio
correr por la playa	correr por la playa
hacer ejercicio	bucear

1. _____

2. _____

3. _____

4. _____

5. _____

6. _____

11 The sentences below describe what some students and teachers at Seminole High School do in their free time. Complete the sentences with the correct forms of the verbs in parentheses, then check your answers by filling in the crossword puzzle with the missing words.

Horizontales

2. En la clase de literatura, nosotros ____ muchas novelas. (leer)
5. Todos los estudiantes ____ la reunión a las tres y media. (asistir a)
7. Martín y yo ____ un concierto este sábado. (asistir a)
9. Yo ____ una carta a mi amigo en La Habana todos los martes. (escribir)
10. Yo siempre ____ un sándwich en el almuerzo. (comer)
12. Santiago y Teresa ____ cartas cuando tienen tiempo. (escribir)
13. Nosotros ____ tacos en la cafetería del colegio los miércoles. (comer)

Verticales

1. Fátima y yo ____ una carta de España todos los sábados. (recibir)
2. Por la mañana, yo ____ el periódico en casa. (leer)
3. Ricardo, ¿cuándo ____ la tarea, por la tarde o por la noche? (hacer)
4. ¿Qué ____ Elena después de clases? (hacer)
6. En la clase de historia, nosotros ____ composiciones. (escribir)
8. Nosotros siempre ____ agua después de correr. (beber)
10. El Sr. Guzmán y su perro Bobby ____ en el parque los fines de semana. (correr)
11. Germán y Lola ____ sus libros de texto en el autobús. (leer)

HRW material copyrighted under notice appearing earlier in this work.

12 The planet Xargon has sent a team of investigators to find out about our planet and its inhabitants. You have been chosen to interpret the Xargonians' interviews for a Spanish-speaking audience. First write out the Xargonians' questions (items 1, 3, and 5). Then write what the earthlings answered, using expressions from the box below.

todos los días   sólo cuando...   muchas veces
durante...   a veces   por la mañana   siempre
por la noche   nunca   por la tarde

1. (The Xargonians want to know how often earthlings go to school.)

   _____

   _____

2. _____

   _____

3. (The Xargonians want to know what students do after class.)

   _____

   _____

4. _____

   _____

5. (The Xargonians want to know if students like to talk on the phone and how often.)

   _____

   _____

   _____

6. _____

   _____

CAPÍTULO 5 Segundo paso

■ TERCER PASO

13 By now you've learned how to talk about what day, month, and season it is in Spanish. Unscramble the words whose definitions appear below. If you unscramble each word correctly, you will find a question in the shaded vertical column.

MODELO <u>m</u> <u>a</u> <u>r</u> <u>z</u> <u>o</u> (El mes después de febrero)
       r m a o z

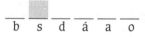

1. __ __ __ __ ▢ __ __ __ __   El día entre *(between)* el martes y el jueves.
   e l m c é i o r s

2. __ __ __ ▢ __ __ __   El mes antes de noviembre.
     c r b e u o t

3. __ __ __ ▢ __ __   El día después del viernes.
     b s d á a o

4. __ __ __ __ ▢ __   El mes entre marzo y mayo.
   i l b r a

5. __ ▢ __ __ __ __   La estación antes del otoño.
   a v r o n e

6. __ __ __ __ ▢ __   El día después del lunes.
   s m e t r a

7. __ __ ▢ __ __ __   El día después del domingo.
        e l n s u

8. __ __ __ __ ▢ __ __ __   La estación antes del verano.
   e r p a v i m a r

9. ▢ __ __ __ __   La palabra en español para *date*.
        h a f c e

10. __ __ __ __ ▢ __ __ __   La estación antes de la primavera.
    v o n r i e n

11. __ __ __ ▢ __ __ __ __ __ __   El mes después de noviembre.
     e r d m c b e i i

12. ▢ __ __   El día antes de mañana.
     y h o

13. ▢ __ __ __ __ __   El mes entre julio y septiembre.
     t a o g o s

14 Your pen pal Rosario from Perú wants to know about some U.S. holidays. Tell Rosario the date of the following special days this year.

1. El Día de la Independencia _____

2. El Día de Acción de Gracias *(Thanksgiving)* _____

3. El primer día del verano _____

4. El Día de San Valentín _____

5. El Año Nuevo *(New Year's Day)* _____

6. Tu cumpleaños *(birthday)* _____

15 It's easy to forget which season some months fall in! Read Javier's and Miguel's conversation, filling in the blanks with the correct seasons and months.

JAVIER   Oye, Miguel, ¿cuál es tu estación favorita? La primavera, ¿verdad?

MIGUEL   ¡Ya sabes que me gusta más el verano! Los meses de _____,

_____ y _____, cuando hace calor y voy a la piscina a nadar

todos los días.

JAVIER   Y el mes de septiembre, también, ¿no?

MIGUEL   No, hombre. Septiembre es un mes de _____.

JAVIER   Ah, sí, tienes razón *(you're right)*. Con _____ y _____.

MIGUEL   Y no te olvides de *(don't forget about)* diciembre.

JAVIER   No, diciembre está en _____. También los meses de _____

y _____.

MIGUEL   Y, por fin, _____, _____ y _____ son meses de

_____.

16 For each of the illustrations below, write what season it is and what the weather is usually like where you live.

1.   octubre   _____
     _____

2.   junio   _____
     _____

3.   abril   _____
     _____

4.   enero   _____
     _____

5.   marzo   _____
     _____

6.   julio   _____
     _____

CAPÍTULO 5 Tercer paso

17 The weather can have a big effect on our daily activities. Look at the drawings of people below, and write one or two sentences describing what the people shown are doing or where they're going, and what the weather is like.

1. **Elena y Sergio** 2. **El Sr. Jiménez** 3. **Susanita y Benjamín** 4. **Doña Blanca**

1. _____

_____

2. _____

_____

3. _____

_____

4. _____

_____

18 What's your favorite time of year? Write a short paragraph of about eight sentences in which you tell what season you like best and why. What's the weather like? What kinds of things do you and your friends like to do then?

_____

_____

_____

_____

_____

_____

_____

_____

_____

■ VAMOS A LEER

19 Read the two comic strips, then answer the questions below.

me molesta = *bothers me*   **humedad** = *humidity*   **salta** = *jump out*

tontas = *stupid*   **asoleado** = *sunny*   **regadera** = *watering can*
influir sobre sus mentes = *to play with their minds*

a. Check your comprehension by answering the following questions.

1. Why isn't Hobbes (the tiger) going to like the end of his wagon ride? _____

   _____

2. How do you think Hobbes would describe Calvin in the last frame of the second strip?
   Write a caption in Spanish to express what he thinks of Calvin.

   _____

   _____

b. Read the following descriptions of Calvin and Hobbes and decide if they are accurate. If
so, circle **sí**. If not, circle **no**. Then correct all of the information that is not accurate.

1. Calvin es alto, moreno y antipático.   sí   no

2. A Calvin no le gusta jugar.   sí   no

3. Hobbes es cómico, inteligente y simpático.   sí   no

4. A Calvin y Hobbes les gusta pasar el rato juntos. sí   no

■ CULTURA

20 Based upon what you've learned about Spanish-speaking young people, indicate if these statements are true or false. Correct the false statements.

1. **Plazas** in most towns and cities are usually quiet because few people go there.

   _____

2. Spanish-speaking young people often will make plans to meet friends in a park, a café or some other public place.

   _____

3. The streets of the average town or city in a Spanish-speaking country will most likely be deserted after sundown.

   _____

4. Young people in the Spanish-speaking world often tend to socialize with a group of friends.

   _____

21 What kind of clothing would you take with you if you were going to do the following things? Explain briefly what the weather is like in each case.

1. make a trip to Argentina in December and January

   _____

   _____

2. travel to southern Chile in mid-July

   _____

   _____

3. take a tour of the Andean region of Ecuador in May

   _____

   _____

22 Imagine that you're going to spend the month of January in Buenos Aires, Argentina. Through an exchange program, you'll be living with an Argentine family with two kids your age. In this chapter you've read about Spanish-speaking young people and about the climate in southern South America. Based on what you've learned in this chapter, what might you expect to see and experience with your host family in Buenos Aires?

_____

_____

_____

_____

_____

CAPÍTULO 5 Cultura

Nombre _____ Clase _____ Fecha _____

Entre familia

■ DE ANTEMANO

1 When Raquel shows Armando her family's photo album, he asks some questions about her family. Can you match Armando's questions with Raquel's answers?

_____ 1. ¿De dónde es tu tía Luisa?

_____ 2. ¿Dónde vive tu hermano Carlos ahora?

_____ 3. A ustedes les gusta la música, ¿verdad?

_____ 4. ¿Qué hacen ustedes durante las vacaciones?

_____ 5. ¿Sales mucho con tus hermanos?

a. Vamos a Tampa y visitamos a mis tíos y mis abuelos que viven allí.

b. Ella es de Cuba, como mis padres.

c. Sí, salgo con ellos bastante. Muchas veces voy con mis hermanos al cine o al centro comercial.

d. ¡Muchísimo! Todos tocamos por lo menos un instrumento musical.

e. Ahora él vive en Gainesville. Estudia en la Universidad de Florida.

2 Look at the family portraits and circle the description that best matches each portrait.

1.

a. Ésta es mi familia: mis padres, mi hermano, mi hermana y mi abuela.

b. Aquí estamos todos: mi madre, mi padre, mi hermano y yo.

c. Aquí ves a mi familia: mi padre, mi madre, mi hermana, nuestro perro y yo.

2.

a. Éstos son mis hermanos.

b. En esta foto estamos todos: mi padre, mi madre y yo.

c. Éstos son mis abuelos.

3.

a. Éstos son mis padres.

b. Ésta es mi familia: mis padres, mis dos hermanos menores y yo.

c. Ésta es mi familia: mis padres, mis dos primos y mi abuelo.

■ PRIMER PASO

3 Look over the **Vocabulario** on p. 235 of your textbook, then complete the crossword puzzle.

Horizontales
5. El padre de tu padre
8. El hijo de tu madre y tu padrastro
10. La hija de mi madre
12. La hermana de tu padre
13. Los hijos de tu tío
14. La madre de tu padre
15. Las hijas de tus tíos

Verticales
1. El hermano de tu madre
2. La esposa de mi padre
3. La hija de tu madrastra o tu padrastro
4. Forma masculina de esposa
6. El hijo de tu abuelo y el esposo de tu madre
7. El esposo de tu madre, pero que no es tu verdadero *(real)* padre
9. La esposa de tu padre, pero que no es tu verdadera madre
10. Tu padre es el ___ de tu abuela paterna
11. Tu madre es la ___ de tu abuelo materno

4 Guillermo Montes has invited Lupe to his house for a family party. She's never met any of his family before, and as his relatives come into the living room, Guillermo points out everyone to Lupe. Complete his sentences with **éste, ésta, éstos,** or **éstas.**

1. _____ son mis primas, Rosita y Carmen. Ellas van a mi colegio. Y

2. _____ es mi abuelita. Ella vive con nosotros. 3. _____ son mis

hermanitos, Alfonso y Carlitos. Son super-pesados *(pains)*. 4. _____ es mi madre.

A ella le gustan mucho las fiestas grandes. 5. _____ son mis tíos, Isabel y

Armando. Ellos viven en Orlando. 6. _____ es mi hermana mayor, Gloria... ¡y

7. _____ es mi primo, Javier! Sólo tiene seis meses, pero es muy inteligente.

Y 8. _____ es mi padre. A él le gustan las fiestas, pero prefiere *(he prefers)* leer

el periódico.

5 Imagine that you're having a conversation with Pilar Guzmán Franco about her family. Using her family tree and the cues provided, write your questions and Pilar's answers.

1. TÚ (Ask how many people there are in Pilar's family.)

   _____

   _____

2. PILAR _____

   _____

3. TÚ (Ask what Pilar's parents are like.)

   _____

4. PILAR _____

   _____

   _____

5. TÚ (Ask what Pilar's grandparents'

   names are.)

   _____

   _____

6. PILAR _____

   _____

7. TÚ (Ask if Pilar and her brother have any pets [**mascotas**].)

   _____

   _____

8. PILAR _____

   _____

María Fuentes de Guzmán   Francisco Guzmán

Elena Franco de Guzmán   Rolando Guzmán Fuentes   Elisa Guzmán Fuentes de García   Lorenzo García

Pilar Guzmán Franco   Fernando Guzmán Franco   Fabiola Guzmán Franco   Ana García Guzmán   Humberto García Guzmán

Tiburón, el pez   Simba

6 The words *su* and *sus* can be confusing, because they mean so many different things: *your, his, her, their*. In a conversation, though, context will make the meaning of these words clear. How many meanings can the expressions below have? Circle all of the English expressions that match each Spanish one. Some expressions may have more than one match.

MODELO   su hijo
    (a.) el hijo de él   **b.** los hijos de ella   (c.) el hijo de ustedes

1. su casa
   a. la casa de ella   **b.** la casa de ustedes   **c.** las casas de usted

2. sus abuelos
   a. la abuela de ellos   **b.** los abuelos de usted   **c.** los abuelos de ustedes

3. su hermano
   a. el hermano de él   **b.** los hermanos de ellos   **c.** el hermano de ustedes

4. sus padres
   a. los padres de ustedes   **b.** el padre de ellas   **c.** los padres de nosotras

5. su familia
   a. la familia de Pedro y Juan   **b.** la familia de ustedes   **c.** la familia de usted

7 Complete Carmen's description of her family with the corrrect possessive adjectives.

¡Hola! Me llamo Carmen Iriarte y soy de Nueva York. Te quiero describir a **1.** _____ *(my)* familia. **2.** _____ *(Our)* familia es un poco complicada—somos muy internacionales. **3.** _____ *(My)* madre se llama Ana y es de Argentina originalmente. Ahora vive aquí en Nueva York. **4.** _____ *(Her)* hermano Roberto vive aquí también. **5.** _____ *(His)* esposa es de Irlanda. Se llama Maureen. **6.** _____ *(Their)* dos hijos se llaman Brian y Sara. Me encanta ir a la casa de **7.** _____ *(my)* tíos Roberto y Maureen y jugar con **8.** _____ *(my)* dos sobrinitos *(nephews)*. **9.** _____ *(their)* videojuegos son super-divertidos.

10. _____ *(My)* padres están divorciados. **11.** _____ *(My)* padre Antonio es español. Vive ahora en España con **12.** _____ *(his)* segunda esposa, Marián. **13.** _____ *(their)* casa está en Sevilla. Marián es muy cariñosa. **14.** _____ *(Her)* hijo Alfonso es **15.** _____ *(my)* hermanastro. Somos muy buenos amigos. Él quiere aprender inglés. Entonces, el año que viene, Alfonso va a vivir en **16.** _____ *(our)* apartamento en Nueva York y estudiar aquí. ¡Y yo voy a Sevilla a vivir en **17.** _____ *(his)* piso y estudiar en **18.** _____ *(his)* colegio! Qué complicado, ¿verdad?

8 Juan and Daniela Barrón are brother and sister. The pictures below are of their family. Take the role of either Juan or Daniela. First think of a name for each member of the family, and label him or her accordingly (Juan and Daniela are already labeled for you.) Also say how he or she is related to you. Then write a short paragraph answering the following questions.

¿Cuántas personas hay en tu familia? ¿Cómo es tu familia? ¿Cuántas personas viven en tu casa? ¿Tienes una mascota? ¿Quiénes son las personas en estas fotos?

_____

_____

_____

_____

_____

■ SEGUNDO PASO

9 Look at the Guzmán family tree in Activity 5. Answer the following questions about members of Pilar's family, using what you've learned in Chapter 6 as well as any other words you know. Use your imagination to describe them.

1. ¿Cómo es Humberto?¿De qué color es su pelo? ¿De qué color son sus ojos? ¿Cuántos años tiene?

_____

_____

2. ¿Cómo es María? ¿De qué color es su pelo? ¿Cuántos años tiene?

_____

_____

3. ¿Cómo es la tía de Pilar? ¿De qué color es su pelo? ¿Cuántos años tiene?

_____

_____

4. ¿Cómo es Ana? ¿De qué color es su pelo? ¿Cuántos años tiene?

_____

_____

10 How would you describe your best friend? Think of someone you're close to, either a family member or a friend, and write five to six sentences describing that person. Use the adjectives on pp. 245–246 and p. 248 of your textbook, as well as any others you've learned. Below are some other words you can use. Many of them are cognates.

comprensivo(a) *understanding*	**chismoso(a)** *gossipy*	**tener...años**
honrado(a) *honest*	**(im)paciente** *(im)patient*	**vivir en...**
(in)maduro(a) *(im)mature*	**irresponsable** *irresponsible*	**le gusta...**
sincero(a) *sincere*	**valiente** *brave*	

_____

_____

_____

_____

_____

_____

_____

_____

11 Combine elements from the columns to write four original sentences telling how often these people do the activities listed. Use the "personal **a**" as appropriate.

MODELO **Mis padres no visitan a sus primos nunca.**

yo	llamar (a)	mis abuelos	nunca
mis padres	visitar (a)	un museo	siempre
el/la profesor(a)	querer conocer (a)	sus primos	con frecuencia

1. _____

2. _____

3. _____

4. _____

12 Look over this page from Andrés Benavente's address book. Then, using the cues provided, ask him for some information about his family.

1. what his family is like

   _____

   _____

2. what he and his family do together on weekends

   _____

   _____

3. where his relatives *(parientes)* live

   _____

   _____

Now write Andrés's answers to your questions. Mention at least two things in item 5. In item 6, write where Andrés would say at least four members of his family live, including himself. Use your imagination!

4. _____

   _____

5. _____

   _____

6. _____

   _____

```
Jacobo Benavente Dávila
C.P. #278
Arecibo 00613
PUERTO RICO

Ana María Benavente
P.O. Box 8733
University of Florida
Gainesville, FL  32611
(en Miami: 3225 Buena
Vista Avenue
Miami, FL  35921)

Benigno Benavente Rubio y
Alma Ybarra de Benavente
C/ Palomar 92, 3
San Juan 00231
PUERTO RICO

Martín Berenger
Carrer dels Angels, 47, 6A
Barcelona  54022
ESPAÑA

Lidia Calero
11 Cra. 5 #6-64 B
Cartagena
COLOMBIA

Alejandro Galdós Sobejano
C/ Arteaga 1483
Colonia Centro, Nuevo
Laredo
Tamaulipas MEXICO

Carolina Irizarri de la
Vega
C/ 15 de septiembre, 42
Metapán, Sta. Ana
EL SALVADOR

Néstor Muñoz Arévalo
Avda. 13, #59, 7B
Maracaibo VENEZUELA
```

13 Mercedes and Laura are tennis partners and friends. Below are their calendars for the next week. Read them and then answer the questions below.

MODELO   ¿Cuándo sale Mercedes con su amigo Roberto? ¿Qué hacen?
              Mercedes sale con Roberto el sábado. Van al cine.

EL HORARIO DE MERCEDES

lunes 16	martes 17	miércoles 18	jueves 19	viernes 20	sábado 21	domingo 22
Laura— tenis 4:00	Mamá— visitar al tío Rubén 3:30	Miguel— 5:00 biblioteca para el examen de historia	Laura— tenis 4:00	Mamá y papá— cumpleaños de Abuelo	Roberto— cine 4:30	Abuela— iglesia 10:30

EL HORARIO DE LAURA

lunes 16	martes 17	miércoles 18	jueves 19	viernes 20	sábado 21	domingo 22
Mercedes— tenis 4:00	Sara— parque, 3:30	Mamá— regalo para Papá, 3:30	Mercedes— tenis 4:00	Esteban piscina 4:00	Mamá y Papá—	☀ ¡PLAYA!

1. ¿Qué hacen Laura y Mercedes los lunes y los jueves?

   _____

2. ¿Con quién sale Mercedes el miércoles? ¿Adónde van y qué hacen?

   _____

3. ¿Con quién sale Laura el martes? ¿Qué hacen las dos chicas?

   _____

4. ¿Cuándo sale Mercedes con su mamá? ¿Y cuándo sale Laura con su mamá?

   _____

5. ¿Qué hace Mercedes el viernes por la noche, y con quién sale?

   _____

6. ¿Qué hace Laura este fin de semana?

   _____

7. ¿Cuándo sale Mercedes con su abuela? ¿Qué hacen?

   _____

8. ¿Con quién sale Laura el viernes? ¿Adónde van?

   _____

   _____

■ TERCER PASO

14 Match each of the problems pictured below with the most logical solution. Can you think of another solution to each problem?

1. ____

2. ____

3. ____

4. ____

5. ____

6. ____

7. ____

8. ____

Soluciones

a. Debes comprar una bicicleta nueva.
b. Debes estudiar mucho antes de los exámenes finales.
c. Debes dormir *(sleep)* ahora y hacer la tarea mañana.
d. No debes ir al cine si no tienes dinero.

e. Debes caminar con el perrito por la mañana, por la tarde y por la noche.
f. No debes tomar sol *(sunbathe)* en la playa.
g. Debes ir al restaurante a comer algo.
h. Debes organizar tu cuarto.

15 For each person listed below, write two sentences: one stating a problem that person or group has, and another stating what each person should do or should not do. Explain your solutions to the problems as in the **modelo**.

MODELO   Nuestro colegio...
Nuestro colegio debe comprar un televisor para la cafetería porque me gusta ver televisión cuando como.

1. El profesor/La profesora de español... _____

_____

2. Mis amigos... _____

_____

3. Yo... _____

_____

¡Ven conmigo! Adelante Level 1A, Chapter 6

4. Mis padres... _____

_____

5. Mi hermano/a... _____

_____

6. La clase de español... _____

_____

7. El director/La directora del colegio... _____

_____

16 On weekends, Irene and Merche like to get together and enjoy the free time. But sometimes it's hard to find free time, even on a Saturday morning. Follow the directions to create a phone conversation between Irene and Merche.

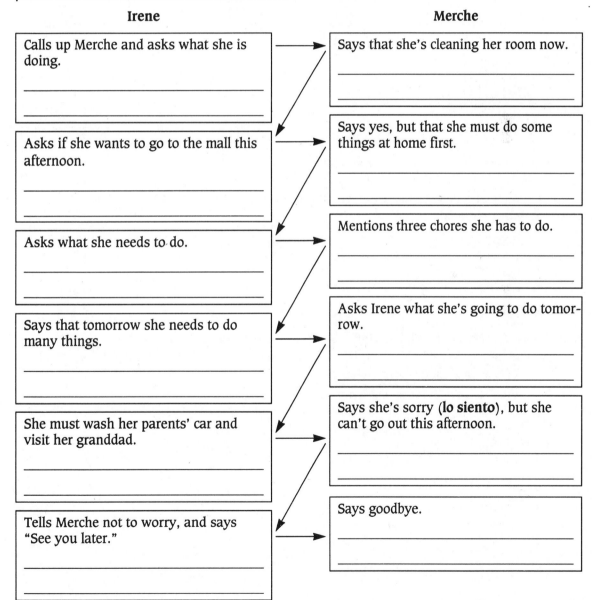

Irene	**Merche**
Calls up Merche and asks what she is doing.	Says that she's cleaning her room now.
Asks if she wants to go to the mall this afternoon.	Says yes, but that she must do some things at home first.
Asks what she needs to do.	Mentions three chores she has to do.
Says that tomorrow she needs to do many things.	Asks Irene what she's going to do tomorrow.
She must wash her parents' car and visit her granddad.	Says she's sorry (**lo siento**), but she can't go out this afternoon.
Tells Merche not to worry, and says "See you later."	Says goodbye.

17 It's Saturday afternoon and Roberto and his friends Javier and Silvia are throwing a party tonight at Roberto's house. They've gathered to get the house into shape for the party, and there's a lot of work to do! Look at the picture of his house below. Then write the question Robert's friends would use to ask what they should do. Next put yourself in Roberto's place and write instructions telling each person what he or she should do. Split the work up evenly and make sure Roberto does his fair share, too. Use the vocabulary on page 256 of your textbook.

Los amigos de Roberto preguntan: _____

_____

_____

_____

18 When it comes to Calvin's duties and obligations, he and his parents often have very different ideas. Imagine you're Calvin's mom. What recommendations or suggestions would you give him? Using **debes,** write sentences using phrases in the box. Not all the phrases would make good recommendations!

© Watterson. Reprinted with permission of UNIVERSAL PRESS SYNDICATE. All rights reserved.

ir a la piscina   levantarte (get up) ahora   ir a la escuela
estudiar   mirar la televisión

_____

_____

_____

_____

_____

■ VAMOS A LEER

19 a. Below are three letters from the advice column in *Gente joven,* a teen magazine. Read through the letters, using the reading strategies you've learned.

Querida *Gente Joven,*
Estoy desesperada. Hay un chico muy simpático en mi colegio que se llama Francisco. Mis padres se oponen a nuestra amistad°, porque piensan que es un chico malo. ¡Pero no es cierto! Es muy bueno. ¿Qué debo hacer?
Cecilia

se oponen a nuestra amistad
are against our friendship

Querida *Gente Joven,*
Estoy preocupado por una amiga mía que se llama Elisa. Somos amigos desde° el primer grado. Ahora Elisa está muy cambiada°. Ya no es la chica alegre, considerada, honesta y trabajadora de antes. No estudia, no hace su tarea y no sale con sus amigos. Creo que tiene un problema muy serio pero no sé qué hacer.
Diego

desde *since*
cambiada *changed*

Querida *Gente Joven,*
Tengo 12 años y soy una chica responsable, madura e inteligente, pero mis padres son muy estrictos conmigo. No me permiten usar el teléfono para llamar a mis amigas. No puedo ir al cine los fines de semana. ¡Mi vida es aburrida! Con mi hermano no son tan estrictos. ¿Qué puedo° hacer?
Amalia

Qué puedo *What can I*

b. Answer the following questions.

1. What is the first letter about? A problem . . .
   a. at school   **b.** with parents   **c.** with a friend   **d.** with a brother/sister

2. What is the second letter about? A problem . . .
   a. with money   **b.** with a brother/sister   **c.** with a friend   **d.** with parents

3. What is the third letter about? A problem . . .
   a. with a brother/sister   **b.** with a teacher   **c.** with a coach   **d.** with parents

4. In the first letter, what do the parents think of Francisco? What does Cecilia think of him?

   _____

   _____

5. In the second letter, how is Elisa normally? And how has she been lately?

   _____

   _____

6. In the third letter, how does Amalia describe herself? How does she compare her parents' treatment of her with the way her brother is treated?

   _____

   _____

c. You're a guest columnist for *Gente joven.* Choose one letter to answer. Come up with at least three recommendations for solving the problem using **(no) debes + infinitive.**

   _____

   _____

■ CULTURA

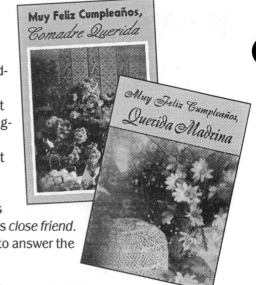

20 As you read in the **Nota cultural** on p. 239 of your text, god-parents are an important part of the Hispanic family. While the original function of godparents was to sponsor a child at its baptism and to take responsibility for its religious upbring-ing, today the **madrina** and **padrino** are also friends, advi-sors, and helpers to the child. They have very strong ties not only to their godchild, but also to the child's parents. The word **compadrazgo** literally means *joint paternity*. Mothers will refer to their child's godmother as **comadre** and fathers will call their child's godfather **compadre**, which also means *close friend*. Look over the greeting cards, and then work with a partner to answer the questions. Compare your answers with other classmates.

1. Can you figure out who the cards are for and what the occasion is?

   _____

   _____

2. Are cards for godparents generally found in card stores in the U.S.? Why or why not?

   _____

3. What does the fact that greeting cards exist especially for godparents tell you about their role in Spanish-speaking families?

   _____

   _____

4. Why do you think that godparents play an important part in Hispanic family life?

   _____

   _____

   _____

   _____

   _____

5. Do you have godparents? What adults are close to and important to you?

   _____

   _____

21 Can you list some terms of endearment used in Spanish? How might someone named Pablo or Diana be affectionately called? How might a mother or father be called?

_____

_____

◼ EN MI CUADERNO

Describe an ideal friend, telling what he or she likes or dislikes. Include age, where the friend is from, and some activities he or she likes to do.

■ EN MI CUADERNO

Next Monday is the first day of school. This weekend, you're going shopping for school supplies. Write about what you already have and what you still need for school. You might want to include some other things you're thinking of buying for yourself.

_____

_____

_____

_____

_____

_____

_____

_____

_____

_____

_____

_____

_____

_____

_____

_____

_____

_____

_____

_____

_____

_____

_____

_____

_____

_____

■ EN MI CUADERNO

Write a letter describing yourself to a potential cabin mate at summer camp. Give your name and age. Describe what you look like and your personality. Include in your description an activity or two you like or don't like at school. Then ask for your potential cabin mate's age, personality, and likes and dislikes.

_____
_____
_____
_____
_____
_____
_____
_____
_____
_____
_____
_____
_____
_____
_____
_____
_____
_____
_____
_____
_____
_____
_____
_____
_____
_____
_____

■ EN MI CUADERNO

You're making plans with a friend for next weekend. Create a conversation in which the two of you decide on the days, times, and activities you'll be doing, where you'll be going, and with whom.

_____

_____

_____

_____

_____

_____

_____

_____

_____

_____

_____

_____

_____

_____

_____

_____

_____

_____

_____

_____

_____

_____

_____

_____

_____

_____

_____

_____

CAPÍTULO 4 En mi cuaderno

■ EN MI CUADERNO

Tell a pen pal what each season is like where you live and what activities you like to do with your friends during each of them. Then ask you pen pal what the climate is like where he or she lives.

_____

_____

_____

_____

_____

_____

_____

_____

_____

_____

_____

_____

_____

_____

_____

_____

_____

_____

_____

_____

_____

_____

_____

_____

_____

_____

_____

_____

CAPÍTULO 5 En mi cuaderno

■ EN MI CUADERNO

Describe you favorite relative. Describe his or her personality and what you enjoy doing together. Use an imaginary relative if you wish.

_____

_____

_____

_____

_____

_____

_____

_____

_____

_____

_____

_____

_____

_____

_____

_____

_____

_____

_____

_____

_____

_____

_____

_____

_____

_____

_____

_____

_____

_____